职业教育教材

中华优秀传统文化与武术文化（第二版）

（下册）

刘海钦 主编

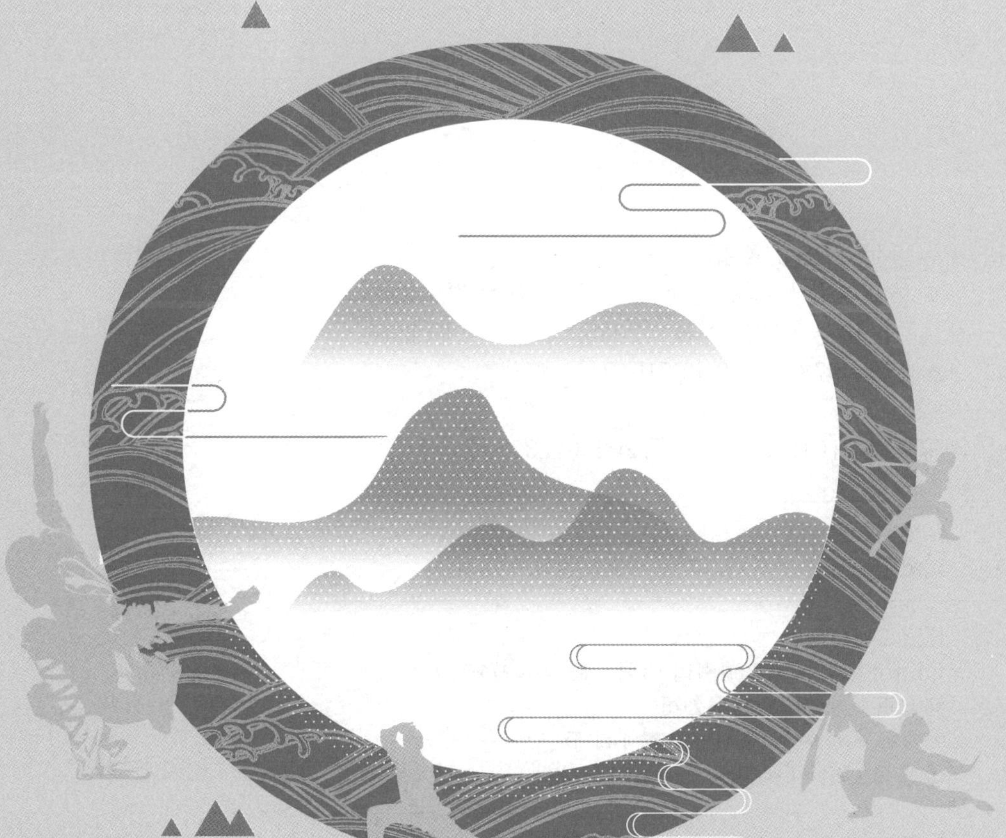

·北京·

内容简介

中华优秀传统文化与武术文化（第二版）分为上、下两册，全景式呈现了博大精深的中华优秀传统文化，并聚焦于种类繁多、内涵丰富的武术文化。上册通过讲授博大精深的精神文化、浩如烟海的物质文化、应运而生的制度文化，概述中华优秀传统文化之美；下册通过认识武术、武术的境界与文化内涵、武术的流派和种类、中华优秀文化与传统武术、中华优秀传统文化的中外交流，以武术文化为载体进一步加强传统文化教育，助推人文素养、职业素养和专业素养的全面发展。

本书既可以作为一本了解中华优秀传统文化和武术文化的职业教育教材，也可作为感受中华优秀传统文化和武术文化特色的通俗读物。

图书在版编目（CIP）数据

中华优秀传统文化与武术文化. 下册 / 刘海钦主编. 2版. -- 北京 : 化学工业出版社, 2025. 1. --（职业教育教材）. -- ISBN 978-7-122-46710-2

Ⅰ. G852

中国国家版本馆CIP数据核字第20240YL376号

责任编辑：张雨璐　迟　蕾　李植峰

责任校对：刘曦阳　　　　　　　　装帧设计：刘丽华

出版发行：化学工业出版社

（北京市东城区青年湖南街13号　邮政编码100011）

印　　装：河北京平诚乾印刷有限公司

787mm×1092mm　1/16　印张10　字数141千字

2025年1月北京第2版第1次印刷

购书咨询：010-64518888　　　　售后服务：010-64518899

网　　址：http://www.cip.com.cn

凡购买本书，如有缺损质量问题，本社销售中心负责调换。

定　　价：36.00元

编写人员名单

主　编　刘海钦

副主编　李　光　张志莹　李　晨

编　委　武丹丹　刘少勇　刘少烨　杜思黎

前言

国民之魂，文以化之；国家之神，文以铸之。中华优秀传统文化对当代青少年来说是一笔宝贵的精神财富，也是一个气象万千的知识宝库。我们学习中华优秀传统文化、传承中华优秀传统文化，可以丰富自己的精神世界。心中中华优秀传统文化的精粹越多，现代化的眼光就越深邃，责任感和使命感就越强烈。

中华优秀传统文化中，武术文化是一个奇葩。它多样丰富，文化深厚，世界独有；它历史悠久，至今活力依旧，引人注目。笔者把它单独列出来，让热爱武术、向往武术的人可以更深入地了解武术文化。

学习中华优秀传统文化，读书是先导。读书的同时还应加上思考、体验、实践。思考是指我们要在读书的同时，想一想中华优秀传统文化为什么能传承至今？还有哪些传统文化已成为历史？中华优秀传统文化要不要现代化？怎样才能现代化？体验是指中华优秀传统文化依然存在于我们的历史和现实生活中，我们要去了解它，感受它。到博物馆去，到古城去，到北方的草原、大漠去，到南方的山林、村寨去，考察和体验鲜活的中华优秀传统文化。实践是指真正把握传统文化的真谛必须通过实践，特别是武术文化。武术习练中，内外兼修，用心体悟，悟出精气神，悟出文化内涵，才能达到形神兼备的武术高境界。

教育部印发的《完善中华优秀传统文化教育指导纲要》呼吁青少年朋友要认真汲取中华优秀传统文化的思想精华和道德精髓，大力弘扬以爱国主义为核心的民族精神和以改革创新为核心的时代精神，继承阐发中华优秀传统文化讲仁爱、重民本、守诚信、崇正义、尚和合、求大同的时代价值，争做中华优秀传统文化的守护者、传承者、践行者，为展示中国文化，诠释中国文明，弘扬中国精神，彰显中国力量，展现当代青少年的风采。

攀登中华优秀传统文化精神巅峰，登高望远，于个人，可以拓展自己的人生长度和宽度；于民族，可以夯实精神厚度，提升发展韧度。我们走自己的路，具有无比广阔的舞台，具有无比深厚的历史底蕴，具有无比强大的前进定力。中国人民应该有这个信心，每一个中国人都应该有这个信心。

编者

2024年8月

目录

下册

课件：风韵绵长的风俗文化

第五章 风韵绵长的风俗文化

学习目标

知识目标

1. 学习并了解中国古代礼仪的形成、发展及演变。
2. 了解中国传统节日的由来和习俗。

能力目标

1. 用辩证的思想看待中国古代礼仪的优缺点。
2. 浅析中国古代礼仪对现代礼仪文化的影响。
3. 善于把每一个传统节日都过得有文化、有新意。

素养目标

1. 在现实生活中更好地运用现代礼仪。
2. 扩展地域风俗文化的相关知识。

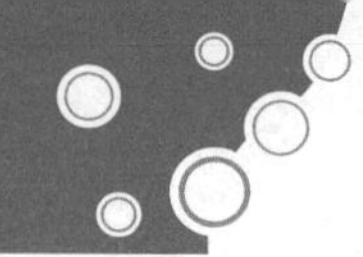

文化探究

中华第一祠——翟氏宗祠

宗祠，即祠堂、宗庙、祖庙、祖祠，是供奉与祭祀祖先或先贤的场所，是我国传统文化的象征。宗祠制度产生于周代。上古时代，宗庙为天子专有，士大夫和民间不得建宗庙。到宋代，著名理学家朱熹提倡建家族祠堂，皇帝批准，才放宽了民间建祠。

宗祠体现出宗法制度下家国一体的特征，是凝聚民族团结的场所。它往往是城乡中规模最宏伟、装饰最华丽的建筑群体，不但巍峨壮观，而且还注入中华传统文化的精华，成为地方上独特的人文景观。宗祠记录着家族传统与曾经的辉煌，是家族的圣殿，作为中华民族悠久历史和儒教文化的象征与标志，具有重大的历史价值。

宗祠在我国南方省份分布较多。比较著名的祠堂有广府祠堂（广东）、潮汕祠堂（广东）、客家祠堂（广东）、“江南第一祠”诚敬堂（江西）、漳州江氏济阳堂（福建）、龙川胡氏宗祠（安徽）等。

翟氏宗祠，又名“中华第一祠”，位于安徽省宣城市泾县，规模宏大，雕琢精美，仿皇家祠堂兴建（图5-1）。宗祠坐北朝南，五楹三进，建筑面积（包括偏房）达6700平方米，是翟氏家族的传世之宝和遗留下来的建筑杰作。传说1607年翟氏家族出了一位名叫翟国儒的文武状元，被明神宗万历皇帝敕封为镇抚大将军，翟大将军奉命在云南平定叛乱，平叛结束凯旋时不料被奸臣害死。为了表彰他的忠诚和对国家的贡献，万历皇帝特赐忠孝堂匾一块，家族遂建祠堂祭奠。1997年国家文物局副局长罗哲文来泾考察时大为惊讶、赞叹不已，其无论是建筑年代还是规模都堪称之最，故称其为“中华第一祠”。

今天的宗祠已经没有了宗法制度的作用，只具有帮助人们寻根问祖、缅怀先祖、激励后人、互相协作的意义，也是传承传统礼仪和民俗活动的场所。宗祠延续着传统文化的礼仪和风俗，增强了中华民族的凝聚力。

图5-1　翟氏宗祠

第一节　中国古代礼仪文化

中国是礼仪之邦，古代文化在很大程度上是礼乐文化。“礼”在社会无处不有，无时不在：出行有礼，坐卧有礼，宴饮有礼，婚丧有礼，寿诞有礼，祭祀有礼，征战有礼，等等。著名史学大师钱穆在谈到中西文化的特点和区别时说：“要了解中国文化，必须站得更高来看到中国之心。中国的核心思想就是‘礼’。”因此，要了解中华传统文化，就必须了解中国古代的礼仪文化。

一、中国古代礼仪文化的起源

古人有言：“中国有礼仪之大，故称夏；有服章之美，故称华。”在中国古代，“礼”的概念主要包含三个意思：一是治理国家的典章制度，二是社会生活中形成的行为规范和交往礼节，三是具有社会约束力的道德规范。如今考古学、文化人类学、民俗学的发展为我们提供了许多有利的条件，考古发掘出的实物、史料可帮助我们再现原始社会的形态，探究传统礼仪的来源。

“礼”是人类社会从野蛮走向文明的重要标志，中国被称作礼仪之邦。《周礼》《仪礼》《礼记》三部儒家典籍奠定了传统礼仪文化的范式，深刻影响着中国人生活的方方面面。

关于中国“礼”的起源，国内学界尚存争论，其中占主导地位的观点认为“礼”最初是原始社会祭祀神灵、祈求幸福的一种宗教仪式。《说文解字》中对“礼”的解释是这样的：“履也，所以事神致福也。从示，从豊，豊亦声。”也就是说“礼”原本是一种祭祀活动，可能源于原始部落的神鬼祭祀与崇拜行为。考古学成果也提供了这方面的实证，在仰韶、曲家岭等文化遗址出土的陶器上发现了表现太阳的纹饰，在新石器时代的岩画上也发现了太阳神的形象。对照殷墟卜辞，可以肯定我国原始社会确实盛行过对太阳神的崇拜及与此相关的祭祀活动。历代帝王都十分重视祭祀，即使在民间风俗中，一个人从出生、成年到死亡，都有祭祀相伴，岁时节日或遇到重大事件也都要举行祭祀典礼。

另外还有一种观点认为，礼仪起源于风俗习惯。人是不能离开社会和群体的，人与人在长期的交往活动中，渐渐地产生了一些约定俗成的习惯，久而久之这些习惯成为人与人交往的规范，当这些交往习惯以文字的形式被记录，并同时被人们自觉地遵守后，就逐渐成为人们交际交往固定的礼仪。遵守礼仪，不仅使人们的社会交往活动变得有序，有章可循，同时也能使人与人在交往中更具有亲和力。

还有不少观点试图从不同的角度去解释礼仪的起源。儒家学派把“礼”与人性结合起来，认为“礼”起源于人的天性；并将人性作为治道的基础，提出“仁”的学说，以“仁”释“礼”：“仁者，人也”，“仁者，爱人”。先秦儒家往往把“礼”说成是天、地、人统一的规律和秩序，说礼是“天之经也，地之义也”。人们根据客观条件制定出合乎人类生存发展规律和道理的行为规范就是“礼”。也有人认为，人类社会发展到一定阶段，统治者为建立社会秩序，将一部分风俗加以规范化，并要求人们遵行的才能称为礼仪。

从礼仪的起源可以看出，礼仪是在人们的社会活动中，为了维护一种稳定的秩序，保持一种交际的和谐应运而生的。一直到今天，礼仪依然体现着这种本质特点与独特的功能。

二、中国古代礼仪文化的发展

中国古代礼仪历史悠远、内涵丰富，其发展大致经历了以下几个过程。

1. 起源期

这一时期大致指公元前2000多年夏王朝建立之前的原始社会，有人称这一时期的礼仪为“原始礼”。这一时期由于尚未形成国家，氏族生活主要是按照传统习俗在行事。民间生活中经常将“礼”与“俗”混淆在一起，界限难以分清楚。大量考古资料显示，在黄河、长江中下游和辽西、燕山地区，许多公元前3500年到公元前2000年的文化遗址上都发现了礼制、礼仪、礼器的遗迹。例如一些造型精美、纹饰独特的玉器、漆木器和陶器，应该是当时的“礼器”。浙江余姚的河姆渡遗址中，发现了迄今所知世界上最古老的骨笛——骨哨，它

应是原始礼乐的乐器。一些先民留下的祭坛及后来夏、商、周三代祭礼的出现，也说明当时已经出现了祭祀仪式。

2. 形成期

这一时期是指从夏王朝建立到两汉为止的一个历史时期，它经过夏、商、周三代古礼的日臻成熟，到春秋战国时期的“礼崩乐坏”，再到汉代对礼乐制度的复兴，中国礼仪以螺旋式上升发展基本成型。夏礼出现最早，较为简朴，忠孝之道已基本形成；殷商时期巫祭礼十分发达，礼器复杂多样，礼乐的乐器十分丰富；到了周代，礼仪更加成熟、完备，出现了专门记载周礼的礼书——《周礼》《仪礼》《礼记》，世称“三礼”。春秋时期，诸侯纷争，出现了“礼崩乐坏”的局面。汉武帝罢黜百家，独尊儒术，采取了一系列措施“尊民以礼”“劝学兴礼”，儒家提倡的礼仪成为主流，并影响了后世两千多年。

3. 变革期

这个时期是指从魏晋南北朝历经隋唐五代直到两宋为止。魏晋南北朝时期，知识分子中流行的玄学，以及佛教、道教的兴起都对传统礼仪发出了挑战。传统礼仪并未遭受重创，反而引导统治者顺应时势，注意变革。隋唐时期，国力强盛，文化发达，为古代礼仪的发展注入了强大的活力。唐太宗时，房玄龄、魏徵组织人员对隋礼进行增补，定《吉礼》61篇、《宾礼》4篇、《军礼》20篇、《嘉礼》42篇、《凶礼》11篇，称为《大唐仪礼》；唐高宗时，长孙无忌、李义府等人又作了进一步增补，被称为《新礼》；唐玄宗在此基础上又进行大规模修整，遂修成《大唐开元礼》，成为封建礼制的最高典范。唐末杜佑撰写了《通典》，其中《礼典》100卷，更是仪制研究的里程碑。随着宋代理学的兴起，理学家对礼治思想进一步阐述，强化了礼治秩序。

4. 衰亡期

这个时期是指元、明、清三代。随着封建社会的日暮西山，封建礼仪也逐渐走向衰亡。元代蒙古族入主中原，带来了大量游牧民族的风俗习惯，对中原传统礼仪造成了巨大冲击。朱元璋建立明朝，为了有别于前朝，推行的礼制基本上沿袭了周、汉的传统。从明嘉靖年起至明亡，出现了一股逾越礼制的浪潮，引起全社会对封建礼制的反对，这是人们对封建礼教发起的一次猛烈冲击。清朝，满族入主中原，将传统礼俗奉为金科玉律，进一步强化了封建专制统治。此时期大兴文字狱，封建宗族制度和朝廷礼仪被推向了极致，封建礼教的负面效应也充分暴露出来。清末，西学东渐，中西文化的碰撞及民众的觉醒，使封建礼教受到强烈冲击，逐渐走向衰亡。

5. 新生期

辛亥革命不仅标志着中国封建社会的终结，也标志着中国的礼仪文化进入了一个新的发展时期，当代一些新礼仪的实施也是从这一时期开始的。1919年爆发的五四运动更是旗帜鲜明地提出“打倒孔家店”的口号，对封建礼教开刀，自此中国礼仪进入自由发展、新旧交替的时代。中华人民共和国成立后，中国礼仪进入了一个崭新的阶段，移风易俗提到了人们的议事日程上来，新型的人际关系呼唤新的社会秩序，为现代礼仪的诞生创造了良好的条件。

第二节　中国古代礼仪

一、中国古代“三礼”

说到中国的礼仪文化，就不能不提到《周礼》《仪礼》《礼记》，即通常所说的“三礼”。“三礼”是中国古代礼仪制度的蓝本和百科全书，对古代礼仪制度的形态、礼仪、礼法等作了权威的记载和解释，对后世的礼制更是影响深远。其中，《周礼》偏重政治制度；《仪礼》重在行为规范；《礼记》则偏重对具体礼仪的解释、论述。

1. “三礼”之首——《周礼》

《周礼》是一部通过官制来表达治国方案的著作，内容极为丰富，涉及社会生活的方方面面。有关《周礼》一书最早的记载见于《汉书·景十三王传》之《河间献王传》。汉成帝时期，刘向、刘歆父子校理秘府藏书时发现此书，

并加以著录。《周礼》展示了一个完善的国家典制，记载了完备的礼的体系，既有祭祀、朝觐（jìn）、封国、丧葬等国家大典，也有用鼎、车骑、服饰等具体规范，还有各种礼器的等级、组合、形制、器数的记载。

《周礼》全书共分为六篇，即《天官》《地官》《春官》《夏官》《秋官》和《冬官》。因第六篇《冬官》亡佚，后补入《考工记》以代之。《周礼》作者在书中构置了一个庞大的官制体系，“六官”是整个体系的中枢。

《周礼》的许多礼制对后世都有所影响，如从隋代开始实行的“三省六部”制中的“六部”就是按照《周礼》的“六官”设置的。历代修订典制，也都以《周礼》为刊本，斟酌损益而成。元始祖在北京建立元大都时，以《周礼》为范本，建立了面朝后市、左祖右社的格局，明清两朝不仅未废止，还仿照《周礼》建立了天坛、地坛、日坛、月坛、先农坛等。

2. 人生礼仪——《仪礼》

《仪礼》本名《礼》，汉代称为《士礼》《礼记》或《礼经》，晋代改名为《仪礼》并流传下来。《仪礼》是我国现存最早的关于礼仪的典籍。关于该书的作者及其年代，自古就存在分歧。当代礼学大家沈文倬提出《仪礼》是孔子的弟子及其后学陆续撰作而成，其成书应在春秋战国之间，此说被当代许多学者接受。

《仪礼》全书共十七篇，其内容涉及上古贵族生活的各个方面。《仪礼》作为上古经典，具有很高的学术价值，其内容丰富，涉及面广，从冠、婚、飨、射，到朝、聘、丧、葬，无所不备，犹如古代社会生活长卷，是研究古代社会生活的重要史料。

3. 礼仪妙语集萃——《礼记》

《礼记》在“三礼”中最晚取得“经”的地位，却后来居上，成为礼学大宗。其中多格言妙语，文字生动，富有哲理，广受欢迎。《礼记》中的“礼”指的是《仪礼》，“记”指对经文所作的解释、说明或补充。实际上《礼记》是一部先秦至两汉时期儒家关于各种礼仪的论著及礼学文献汇编。《礼记》的“记”有两种：一种附在《仪礼》各篇正文之后，旨在对仪节中记述不详的内容作补充；另一种是单独的记，独立成篇。

今本《礼记》也称《小戴记》或《小戴礼记》，由西汉礼学家戴圣编定，共四十九篇，记录了夏、商、周三代尤其是周王朝的典章制度和礼仪，也夹杂了汉代初期的礼仪制度。《礼记》被认为是打通《周礼》《仪礼》的桥梁，其内容上可探索阴阳，穷析物理，推本性命；下而及于修身齐家，民生日用，既能言礼乐之辨，又可究器数之详，所以两汉以来为学者津津乐道，成为研究儒家思想的重要史料。

二、中国古代礼仪的分类

在中国古代，“礼”深入社会的每个层面，名目繁多，《中庸》有“礼仪三百，威仪三千”之说。关于礼仪的分类，历来说法不一。由于《周礼》在汉代已取得权威的地位，其“五礼”分类法被社会普遍接受，后世修订礼典大都以“五礼”为纲，因此我们就以“五礼”作为纲目，将古代的礼仪作简单介绍。

1. 吉礼

吉礼是指祭祀的礼仪，古人祭祀的目的意在祈求吉祥，故名“吉礼”。古人认为，人生于天地之间，受惠于万品百物，方才能够生息繁衍。自家的祖先经过代代不懈的努力，为家族的繁荣作出不朽的贡献，对他们的恩泽后人一定要有所回报，回报的方式就是祭祀。吉礼的范围很广，包括天神、地祇、人鬼三大类。

祭天神，包括日月星辰、风神雷电，受祭的天神不仅多，而且尊卑有别。祭天礼是古时国家最重大的典礼（图5-2），其仪式都经过精心设计，一名一物都含有深意。每年冬至，天子在国都南郊祭昊天大帝。天为阳，南方为阳位，所以地点选在南郊，冬至为阴尽阳生之日，所以祭天必须在冬至。

祭地祇（qí）泛指大地上的各种神祇，包括土地、名山、大川，乃至建筑中的神明，依照尊卑，也分为大示（qí）、中示、小示三等。大示指社稷、五祀和五岳。社是土神，稷是百谷之主。五祀是金、木、水、火、土五行之神。

图5-2　祭天礼

彩图：祭天礼

五岳指东岳泰山、南岳衡山、西岳华山、北岳恒山、中岳嵩山，是天下五方的镇山。天子除了祭天、祭地之外，还要祭五岳、四渎、四镇。五岳、四镇、四渎分散在各地，相隔辽远，所以就在四郊设祭坛，遥望而祭，称为“望祭”。诸侯只能祭自己封地之内的名山大川，故有“祭不越望”之说。中示是指山、林、川、泽等。山、林、川、泽是人们日用取资的来源，应该用祭祀来报答，这是为了顺应其自然之性。小示指四方的各种小神，古人有泛神的意识，万物都有神明。

祭人鬼主要是对祖先的祭祀。天子祭祖有两种规格，一种叫肆献祼，一种是馈食，前者比较隆重，后者比较简略。

2. 凶礼

凶礼是跟凶丧有关的礼节，是哀悯吊唁、救患分灾的礼仪。《周礼·春官·大宗伯》云：“以凶礼哀邦国之忧，以丧礼哀死亡，以荒礼哀凶札，以吊礼哀祸灾，以禬（guì）礼哀围败，以恤礼哀寇乱。”凶礼具体可分为丧礼、荒礼、吊礼、禬礼和恤礼五大类。

丧礼是古代礼仪中重要的礼仪之一。丧礼的核心是通过对逝者遗体的处理，表达对逝者的哀悼和敬爱之情。我国古代对于丧葬仪式非常看重，形成许多繁文缛节。

荒礼是指国内发生自然灾害，如灾荒、瘟疫等变故时，国家采取的救灾礼仪。主要做法包括救济、薄征、缓刑、减力役、停止娱乐活动、除盗贼、移民、救病等。实际上，荒礼是一种政府的救灾行动，与礼仪关系不大，但当时仍称为礼。

吊礼是指邻国遭受水旱、地震等自然灾害时，派使者前往哀悼和慰问。吊礼中往往还会加入祈禳的内容，以求祛祟除祸。

禬礼是指别国遭受侵略或动乱造成损失时，其他国派出使臣，筹集财物去救助。“禬”即会合财货的意思。

恤礼是指对遭受不幸的国家表示慰问、抚恤的礼仪。“恤”是忧的意思，邻国发生外患内乱，应派使者前往慰问。

3. 宾礼

《周礼·春官·大宗伯》云：“以宾礼亲邦国，春见曰朝，夏见曰宗，秋见曰觐，冬见曰遇，时见曰会，殷见曰同，时聘曰问，殷覜（tiào）曰视。”据此可知，宾礼是各路诸侯朝见天子及诸侯间会见或使臣往来的礼节。在宗法社会，天子和诸侯之间大都有亲戚关系，为了联络感情、相互依附，需要定期会见。由于时间不同、形式不同、礼节也有所不同，春、夏、秋、冬四季的朝见分别称为“朝”“宗”“觐”“遇”；天子平时随时召见诸侯，称为“会”；天子大会诸侯称为“同”，天子派使者询问诸侯，称为“问”；诸侯使者一起拜见天子，称为“视”。礼仪明目不同，规格、程序和礼物也有所不同。后代将皇帝遣使番邦，外来使者朝贡、觐见及相见之礼等都归入宾礼。

4. 军礼

军礼是指军队里操练、征伐的行为规范。将军礼列入礼的范畴，一是因为君王以礼治国使天下归于大同，必然受到内部和外部的干扰，礼乐和征伐缺一不可。二是因为军队的组建、管理等都离不开礼的原则。《周礼·春官·大宗伯》云：“以军礼同邦国，大师之礼，用众也；大均之礼，恤众也；大田之礼，简众也；大役之礼，任众也；大封之礼，合众也。”意思是“以军礼的威严统一邦国制度，使下面的人不敢逾越。”《周礼》所说的军礼分为五种，分别为：

大师之礼、大均之礼、大田之礼、大役之礼、大封之礼。

大师之礼是天子出征讨伐时军队调度、进退有序的礼仪规范。天子出征前要举行一系列的祭礼，军队的车马、旌旗、校阅、日常训练等都有严格的规范；大均之礼是指君王为校正户口、调节赋税，根据军队建制，“以起军旅”同时“以令贡赋”，意在使民众负担均衡；大田之礼是天子、诸侯定期田猎和军事演习时的军礼；大役之礼是指国家大兴土木工程，如开河、筑城等而役使民众，要求根据民力的强弱分派任务；大封之礼是以武力勘定疆界之礼，诸侯国之间的封地纠纷，需要军队参与勘定，古代疆界勘定都要封土植树，故称大封之礼。

先秦时期的军礼范围宽泛，不仅用于战场，还用于内部治安。秦汉以后，军礼范围缩小，主要指帝王御驾亲征的出师礼、帝王任命大将出征的礼仪、大军凯旋的献俘礼、大阅礼等。另外，军旗也是军礼的重要内容，在古代战争中起着发布号令的作用。除军旗外，鼓、金也作为军礼的组成部分，指挥行军作战。

5. 嘉礼

嘉礼是有关人际关系的一种礼仪，起着沟通、联络感情的作用。“嘉”是善、好的意思，嘉礼是按照人心之所善者制定的礼仪。《周礼・春官・大宗伯》云：“以嘉礼亲万民：以饮食之礼亲宗族兄弟，以昏（同“婚”）冠之礼亲成男女，以宾射之礼亲故旧朋友，以飨燕之礼亲四方宾客，以脤膰（shèn fán）礼亲兄弟之国，以贺庆之礼亲异性之国。”嘉礼名目繁多，是古代礼仪制度中内容较为庞杂的一种礼仪，涉及日常生活、王位承袭、宴请宾客等多方面内容。《周礼》中所列嘉礼为六项：饮食礼、昏冠礼、宾射礼、飨燕礼、脤膰礼和贺庆礼。

（1）饮食礼　是天子宗族内部的宴饮礼仪，用来融洽宗族兄弟的感情，一般逢祭、逢节设宴。

（2）昏冠礼　指婚礼和冠礼两种，是人生礼仪中重要的一项内容。古代男子二十而冠，女子十五而笄，冠笄之礼，表示已成年。

（3）宾射礼　是射礼的一种，其中“宾射”是指诸侯朝见天子时，射箭比赛，为宴饮助兴。后来又有了一种投壶礼，以箭投壶，以投中多少决胜负。

（4）飨燕礼 可分为飨礼和燕礼两种。天子大宴为“飨”，要在太庙举行，十分隆重。天子举行的小型宴会为“燕”，只招待少数人，多在寝宫举行，用来融洽君臣关系。

（5）脤膰礼 是指分享祭肉的礼仪。“脤”是祭社稷的肉，“膰”是祭宗庙的肉。古人认为祭祀仪式上供奉过的肉不同寻常，能够吃到是一种福气，所以要把祭肉分割，赠予周围人吃。

（6）贺庆礼 是指对于有姻亲甥舅关系的异性之国，在他们有值得庆祝、庆贺的事情时派人表示祝贺，并馈赠一定的礼物。

除了以上诸礼，嘉礼还包括正旦朝贺礼、冬至朝贺礼、皇后受贺礼、学校礼、养老礼、职官礼等。以“五礼”为主要内容的礼仪制度自西周正式形成后，历朝历代在沿用的同时不断进行改革和完善，从而使“五礼”的范围不断扩大，内容日渐增多，分类也不尽相同。

三、中国古代民间礼仪

民俗界认为，民间礼仪从适用范围上大致可分为政治和生活两大类。政治类包括祭天、祭地、宗庙之祭、祭先师先圣等，生活类包括生、冠、婚、丧等。这里我们简要介绍与人们生活息息相关的重要礼仪。

1. 家庭礼仪

中国传统社会十分重视家族的亲属关系，大家族之间来往密切，重要事务要共同处理，家庭、家族需要建立一些规矩、规范，这些规范就是通常所说的“家礼”。

中国传统家礼的精神实质是“名教纲常”，要求家庭中每个成员必须首先记住自己的名分以及在家庭中的位置，然后按照“三纲五常”的伦理原则来决定尊卑和行为规范。传统家礼大致可分为父子之礼、夫妻之礼、兄弟之礼、闺媛之礼四个部分。父子之礼可分为两层，子女对父母的“孝”和父母对子女的“慈”“严”“教”。传统的夫妻之礼内容很多，礼节琐细，可以用“夫为妻纲”来

概括；传统的兄弟之礼提倡“兄友弟恭”，在长幼有序、亲疏有别的前提下，做哥哥的要对弟弟友爱、关怀、照顾，做弟弟的要对哥哥恭敬、顺从。闺媛之礼是传统礼仪对女子的特殊要求，所谓闺媛之礼是从男性利益出发，对家庭中的女性作出的一系列行为规范，其核心是“男女有别”，倡导“女子无才便是德”。

传统家礼有尊老爱幼、和睦相处、互谅互让、相濡以沫等优良传统，同时也存在诸多弊端，成为社会进步的羁绊，我们应辩证地看待。

2. 人生礼仪

人生礼仪是指人在一生中几个重要阶段所经历的不同仪式和礼节，主要包括诞生礼、成年礼、昏礼、丧葬祭礼四个阶段。在此期间还穿插诸如童蒙礼、生日礼、寿礼等过渡性礼仪。

（1）诞生礼　人的诞生俗称“生日”，是人一生的开端。婴儿诞生意味着新生命开始，对于家庭或家族来说，标志着血缘得以延续，需要有相应的礼仪来庆祝。

婴儿诞生后又有报喜、三朝、满月、百日、周岁等礼仪。孩子一出生就要向有关亲朋好友报告喜讯，于是就有了报喜礼。《礼记·内则》云：“子生，男子设弧于门左，女子设帨于门右。”生了男孩要在门左侧挂弓，生了女孩要在门右侧挂手帕。三朝礼是婴儿降生三天后举行的礼仪，主要包括为孩子沐浴并念祝词，设宴招待亲友，领受各方面的贺礼等。满月礼指在婴儿满一个月时宴请宾客，并给婴儿剃胎发，婴儿的胎发从母胎中带来的，不能全部剃光，要在额顶留一绺“聪明发”，脑后留一绺“撑根发”。百日礼是婴儿百天时要举行的礼仪，又称百岁，百日礼最有特色的是穿百家衣，戴百家锁。周岁是孩子的第一个生日，一般也认为是诞生礼的结束。周岁礼最受关注的是让孩子进行“抓周”（图5-3），据此预测孩子的志趣和未来前途。

（2）命名礼与童蒙礼　在诞生礼与成年礼之间还有两个比较重要的礼仪，分别为命名礼和童蒙礼。孩子出生后就要为他取个名字，一般情况下当时的人大都有小名、大名、字三种名字，小名一般请长者或有威望的人来取，大名一般是孩子入学读书时老师给起的，字是在青年男女成年礼上获得。至于号则由

图5-3　抓周

自己取，以代表本人的志向和兴趣。

儿童到了一定年龄要接受启蒙教育，入学第一天要行“童蒙礼”，在家时先向祖先祀拜，再向父母跪拜，然后由长辈领到塾堂，到了塾堂先跪拜孔子圣位，然后拜见老师。

（3）成年礼　又名成丁礼、人社礼，是古时青年跨入成年阶段时举行的一种礼仪。成人礼是承认年轻人具有进入社会的能力和资格所举行的一种仪式，常分性别举行，男子成年实行冠礼，女子实行笄礼。

冠礼是给跨入成年人行列的男子加冠的礼仪。《礼记·曲礼上》云：“男子二十，冠而字。”是说男子到了20岁时要举行冠礼，并为他取个字。古人交往时，常用“字”表示尊称，男子加冠赐字，表示他开始受人尊重，社会地位发生了变化。因而冠礼受到极高的重视，并制定了一套周密和严整的仪式。

古代男子有冠礼，女子则有笄礼。《礼记·内则》云：“女子许嫁，笄而字之。”笄即簪，意思是为年轻女子的头上插上簪，以示成年。笄礼与男子冠礼的仪式相似，只是笄礼的主人由加笄者的母亲担任，加笄的正宾也是女宾，笄

礼之后女子便可出嫁。如若女子到了20岁还未许嫁，也要举行笄礼，表示今后要以成人相待。

（4）昏礼　又称婚礼，是传统礼仪的重要内容。婚礼涉及两姓联姻的质量和稳定性，涉及宗族昌盛。所以《礼记·昏义》说：“昏礼者，将以合二姓之好，上以事宗庙，而下以继后世也，故君子重之。”儒家对婚礼的仪式加以整理记入《仪礼·士昏礼》《礼记·昏义》等经典中，又经历代统治者的提倡，下沉到民间，成为整个封建时代婚姻礼仪的准则，这就是通常所说的“六礼”：纳彩、问名、纳吉、纳征、请期、亲迎。

纳彩，后世称为“提亲”，《仪礼·士昏礼》：“昏礼下达，纳彩用雁。”男家请媒人到女家提亲，然后行纳彩礼，用雁作为提亲的礼物。问名，俗称“请庚”“讨八字”，女方将自己的信息写在帖上，交给媒人，这帖子称庚帖。男子接到庚帖后要请人推算占卜“合生辰八字”。纳吉，是男方将问名卜婚后的吉兆通知女方，并送礼订婚，纳吉以雁为礼物，到了这一步，婚事已经大致确定下来。这个阶段男女双方还要换一次帖子，称龙凤帖。纳征，又称“纳币”，指男家向女方送聘礼，以“俪皮”（成双的鹿皮）为聘礼，礼节与纳吉礼相同。请期，是男方送过聘礼后，请人占卜求得一个吉祥的迎娶日子，派人告知女方以征得女方同意，请期以雁为礼物，礼节与纳征礼相同。亲迎，今称“迎亲”，是婚礼的核心，亲迎是新郎亲自前往女家迎娶新娘的礼仪，而且时间是在“昏”时。亲迎礼十分繁复，程序很多。历来认为，只有举行了亲迎，才算正式结婚，否则不算数。

（5）丧葬祭礼　在儒家提倡的传统礼仪中占有重要的位置。古人存在“灵魂不死”的观念，以为死亡只不过是人的灵魂与肉体的分离，灵魂会进入另一个世界继续生活。同时，传统礼仪认为安葬老人隆重与否，是子女是否尽“孝”的标志，因此不管贫富、出身，小辈都会竭尽全力操办丧葬祭礼。传统的丧葬祭礼分为三个部分：丧礼、葬礼和祭礼。

《周礼·春官·大宗伯》云：“以丧礼哀死亡。”古人把处理亲人的后事看得非常重要，从而形成了一套严格的丧礼制度。《礼记·曲礼下》云：“天子死曰崩，诸侯曰薨，大夫曰卒，士曰不禄，庶人曰死。”逝者地位越高，丧礼议程越繁缛。装殓尸体有小殓、大殓之分。小殓是给逝者穿寿衣，大殓指逝者入棺仪式，一般在小殓次日举行。大殓仪式非常隆重，大殓后一般都要停棺待葬达数月之久，这段时间称为“殡”。在这期间，家人要请人占卜，选定墓地和落葬日期。

我国历史上曾经实行过许多落葬的方式，如天葬、火葬、土葬、墓葬、食葬、崖葬、悬棺葬、衣冠葬等。如当时汉族一般选择土葬的方式。伴随着时间的推移及文明的不断发展，葬礼的形式和内容也逐渐发生了变化。

主要有居丧和祭祖。居丧，又称“丁忧”“守孝”。生者与逝者亲疏关系不同，居丧期限也不同。居丧期间，粗茶淡饭，哭不绝声，不理发，不沐浴更衣，不举乐，做官的要辞官回家等。祭祖是中华民族传统文化的一大特色，民间祭祖礼俗形式丰富，按照祭祀地点来分有墓祭、祠祭和家祭；按祭祀时间来分，有忌日祭、春节祭、上元节祭、清明祭、中元祭、十月朔日祭、下元节祭等。

四、中国传统礼仪文化的价值

1. 传统礼仪文化的价值观念

中国传统礼仪文化蕴含着丰富的思想内涵和价值观念。其中，和谐的价值观念是传统礼仪所表达的一项重要内容。儒家强调“礼之用，和为贵”，和是儒家倡导的伦理、政治和社会准则。因此，孔子提倡不能为和而和，要以礼节制之。

首先，传统礼仪文化十分注重修身养性和健全人格的培养。儒家礼仪文化中一直尊崇君子风度，将做一个谦谦君子作为人生的重要目标。所谓的君子要具备有德有才、有礼有节的理想人格。

其次，传统礼仪文化对人与人的关系高度重视，提出了一系列处理人际关系的原则。例如礼尚往来原则，“往而不来，非礼也；来而不往，亦非礼也”，强调人们之间应该平等相待，互助互济；自卑尊人原则，要求人们在处理人际关系时学会尊敬他人；宽仁博爱原则，对人要宽厚仁爱，善于体谅别人，推己

及人，如孔子提出“己所不欲勿施于人”“己欲立而立人，己欲达而达人”。这些人际交往的原则是调节人与人的关系，建立和谐社会的重要手段。

再次，传统礼仪文化提倡人与自然和谐相处。古人将敬神祭天作为最崇高的礼仪，将“天人合一”作为人与自然关系的最高目标，以敬畏敬仰的态度对待大自然，渴望人与自然和谐相处，遵守自然规律，应天而动，保护生态，追求天地万物和谐共生。

最后，传统礼仪文化强调调节人与社会的关系，构建和谐社会。和谐社会需要构建一种平等、互利、和谐、融洽的社会关系，而这种关系需要人与人之间能够相互理解、关心和帮助。传统礼仪文化一方面通过强制手段规范人的言行，使人养成良好的礼仪修养和道德品行，另一方面通过道德教化手段，使人人守礼，坚守“和而不同”的处世原则，从而形成和谐有序的社会氛围。同时，传统礼仪文化中主张的“协和万邦，与邻为善”“仁者无敌”“兼爱非攻”的思想，对我国与世界各国建立互信关系、求同存异、和谐相处也具有很好的借鉴意义。

2. 批判中发展的传统礼仪文化

从古至今，大到“治国平天下”，小到“修身齐家”，中国人的生活中都充满了礼仪制度，衣食住行、婚丧嫁娶无不以礼行之。这些礼仪制度规范着人们的行为，维护着民族的和谐，推动着社会发展和文明进步。从传说中的“三皇五帝”到历代统治者都非常重视礼仪典范的作用。

但是中国传统礼仪文化根植于传统社会，不可避免地带有封建思想的痕迹。许多传统礼仪禁锢了人们的思想，具有反科学、反人性的特点。在很长时间内，它成为少数统治阶级对百姓实施思想统治的工具，变成了摧残人性、扭曲人格的罪魁祸首。

新文化运动对封建礼教这种限制个人发展、阻碍社会进步的不良影响进行了全面的批判，鲁迅先生在他的《狂人日记》中揭露了封建礼教“吃人”的社会本性。但是，新文化运动在批判传统礼教的同时并未建立起新的礼仪规范。

当今的中国处于现代化建设的特殊时期，经济的快速增长，改革开放的持续深入，世界各国礼仪文化的冲击正在不断影响着我们，人们对传统礼仪规范的评价不一而足。我们应该看到，传统礼仪存在诸多弊端，毫无批判地将其继承下来显然是不合适的。但是，传统礼仪又存在着许多合理的成分，尤其它的精神实质，诸如团结友爱、敬老慈幼等传统美德，在今天仍然应该大力提倡和弘扬。因此，我们要遵循“取其精华，去其糟粕”的原则，挖掘传统礼仪文化的合理内核，正确认识传统礼仪文化的当代价值，构建符合现代文明的礼仪文化。

第三节　中国传统节日文化

传统节日是一个国家历史的集体记忆和一个民族文化积淀的生动体现。由于中国疆域辽阔，民族众多，其传统节日种类繁多，呈现出鲜明的民族性和文化性。由诸多节日组成的中国传统节日体系，以自然为本源，以对自然节气的把握为依托，体现了中华民族对自然规律的认识和把握，体现了中国传统天人合一的哲学思想。每一个节日都有它的历史渊源、美好传说和特有的风俗习惯，这些习俗反映了中华民族特有的价值观念、生活习俗、思维模式和道德风尚，寄托着人们对美好生活的向往和憧憬，具有很强的内聚力和广泛的包容性。

一、中国传统节日简介

1. 春节

春节俗称“过年”，古时称“元日”或“元旦”等。“年”是个时间概念，是古人对农作物生长周期和季节变化的总结，其产生与农业、历法相关。所以古籍云：“年，谷熟也。”

（1）春节的由来与发展　据史载，春节风俗源于原始社会的“腊祭”。“腊祭”据说原是神农氏时代“国索鬼神而祭祀”，“合聚万物而索享之”的“岁终出祭”，主要为感谢百神上一年的赐予，祈求来年风调雨顺、五谷丰登，同时伴随驱疫禳灾的活动。在中国民间，关于春节一直流传着“年兽”的传说。

先秦时期，春节习俗萌芽，《诗经·七月》中记载了当时人们在新旧岁交替时节庆的风俗。“八月剥枣，十月获稻，为此春酒，以介眉寿。”人们收获以后，酿美酒、庆丰收、孝敬老人。新年习俗定型于汉代。西汉实行“休养生息”的政策，社会生产得到恢复与发展，社会秩序稳定，一系列节日习俗逐渐形成。《太初历》推行后，正月初一作为新年的日期得以确立，各地的酬神、祭祀、庆祝活动也都在这一天举行。从汉代到南北朝，春节习俗越演越烈，燃爆竹、换桃符、饮屠苏酒等活动已出现。到了唐代，新年习俗发生了裂变，由于唐代中外文化交流频繁，新年习俗渐渐从祈报、迷信的神秘气氛中解放出来，转变为娱乐性、礼仪性节日，庆祝的重点由祭神变为娱人。明清时期，春节习俗中礼仪性、应酬性逐渐加强，人们在新年相互拜谒，馈赠礼品，互相拜年。民国初年，改农历为公历，将农历正月初一定为“春节”。1949年9月27日中国人民政治协商会议上正式将农历正月初一定为“春节”。

（2）春节的习俗　春节的习俗很多，大致可分为两大类：一是“洁祀祖迩”，包括祭天地、拜祖宗、守岁、拜年等活动，表达感恩天地、敬怀祖先、家庭团聚、祝贺邻里的思想；二是“进酒降神”，如放爆竹、贴春联、祭灶神等。农历年底赶回家与亲人团聚、拜年已成为每个中华儿女的共同习俗（图5-4）。

图5-4　春节

除夕守岁是春节的一项重要活动。年三十是旧年的最后一天，也是新年的前夕，是除旧迎新的重要时刻。大年夜灯火通明，全家人围炉夜话，通宵不眠，为“守岁”。除此之外，旧时守岁还有喝屠苏酒或花椒酒的习惯。燃放烟花爆竹也是春节的习俗之一。除夕之夜，噼里啪啦的爆竹声此起彼伏，将节日的氛围烘托得热闹非凡。

贴春联是春节习俗中的一项重要内容。春联也叫对联、对子、桃符等，是我国特有的一种文学形式。它常用对仗工整的文字描绘时代背景，表达人们的美好愿望。贴春联的习俗起于宋代，明代开始盛行。在贴春联的同时，人们也会在屋门上或墙壁上倒贴“福”字，代表福到人家。除了贴春联，民间还常有贴门神、贴窗花、挂年画的习惯。

春节期间最重要的活动就是拜年。正月初一，晚辈要向长者叩头施礼、说祝词、问候生活安好，遇同辈亲友也要道贺。除了晚辈向长辈拜年，长辈也会在新年时给晚辈压岁钱。压岁钱也称压祟钱、压胜钱，古时迷信小孩魂魄不全，易受鬼魅侵害，故要用压岁钱镇守。

春节饮食丰富多彩，南北风格各异。北方多吃饺子，南方则以元宵、年糕为主。饺子是北方春节的传统美食。饺子原名“娇耳”，相传为东汉张仲景首创。人们一般会在除夕晚上包好饺子，子时煮食，取“更岁交子”之意。年糕因其谐音“年高”，且花样繁多，成为南方人春节必备饮食，祈盼来年步步高升。

2. 元宵节

元宵节又称灯节、上元节，是城乡都重视的民俗大节。“元”即开始，指新年伊始的正月，“宵”即夜。“元宵”指一年中第一个月圆之夜。

（1）元宵节的由来　元宵节有着悠久的历史，早在2000多年前的西汉就有了，元宵赏灯始于东汉明帝时期。关于元宵节的起源有诸多说法，一说是元宵节与中国道教有关，起源于上元祭祀活动，其中“上元节”就是“元宵节”的别称。据史料记载，汉文帝时已下令将正月十五定为元宵节。汉武帝时，“太一神”的祭祀活动也定在正月十五，这种祭祀活动无疑对元宵节的形成起到了推动作用。

“元宵”作为节名大约出现在唐代。韩偓有诗“元宵清景亚元正，丝雨霏霏向晚倾”为证。唐代规定元宵灯会为正月十四、十五、十六三天。宋代元宵灯会更为兴盛，张灯的时间也由三天增加到五天。宋元易代之后，元宵节依然传承，但庆祝活动受到一定限制。明代恢复旧制，规定初八上灯，十七收灯，上灯的时间延至十天。到了清代，元宵节依然热闹，只是张灯的时间有所减少，初为五夜，后改为三夜，十五日为正灯。

（2）元宵节的习俗　吃元宵、赏花灯（图5-5）、舞龙、舞狮等活动是元宵节的几项重要习俗。元宵也称汤圆，作为节俗食品在我国由来已久。宋代民间已流行吃汤圆，当时人称浮元子、汤团、汤丸，生意人还美其名曰“元宝”。元宵可荤可素，风味各异，有团圆美满之意。

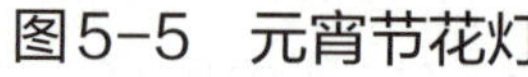
图5-5　元宵节花灯

彩图：元宵节花灯

元宵节有张灯赏灯的习俗，故又称为“灯节”。东汉时期，佛教传入中国，汉明帝为宣扬佛教，下令正月十五夜在宫中和寺院“燃灯敬佛”。唐玄宗时的开元盛世，长安的灯市规模很大，燃灯五万盏，皇帝命人造巨型灯楼，广达20间，高150尺，金光璀璨，极为壮观。元宵观赏的灯多为花灯或彩灯，样式上有带穗的挂灯、美丽的壁灯、精彩的提灯、玲珑的走马灯等，造型上有山水人物灯、鸟鱼花虫灯，花样繁多，精彩纷呈。

猜灯谜也是人们在元宵节观灯赏灯过程中的一项重要娱乐活动，据说最早源于宋代。南宋《武林旧事·灯品》记载："有以绢灯剪写诗词，时寓讥笑，及画人物，藏头隐语，及旧京诨语，戏弄行人。"宋时，京师、苏州、扬州等繁华城市，每到元宵节要建上元灯篷，文人雅士前往聚观猜谜，称为"灯虎"。瓦舍的兴起也为灯谜的发展创造了条件。每逢元宵佳节或重要集会，民间还会以狮舞助兴。这一习俗起源于三国时期，南北朝开始流行，至今已有千余年的历史。

除了庆祝活动外，元宵节还有一些信仰性的活动——"走百病"。"走百病"又称"游百病""散百病"，是明清以来北方的传统民俗。参与者多为妇女，她们身着盛装，结伴而行，走桥渡危，登城，摸钉求子，直到子夜，目的是祛病除灾。另外，在封建社会，由于宵禁制度和封建社会对妇女的约束，年轻女孩只有元宵节才可以出来游玩，元宵节就为未婚男女提供了相识的机会。未婚男女可以借着赏花灯为自己物色对象，所以说元宵节古时也被称为中国的"情人节"。

3. 清明节

清明节在中国岁时体系中有着特殊的地位，我国传承至今的传统节日中，唯有清明是节气与节日合一的民俗大节，兼具自然和人文两大内涵。作为二十四节气之一，清明最早为时令标志，时间一般在农历三月上旬，公历四月五日左右。《淮南子·天文训》说：春分后十五日，北斗星柄指向乙位，则清明风至。清明风温暖和煦，天地明净，万物显出勃勃生机。清明节气由此得来，含义为天清气明。

（1）清明节的由来　清明节大约始于周代，距今已有2000多年的历史。清明时节，气温升高，是春耕春种的大好时节，所以民谚有"清明前后，种瓜点豆"的说法。汉魏以前，清明主要指节气，与农事活动密切相连，后来由于清明与寒食的日子接近，而寒食是民间禁火冷食、巫祭扫墓的日子，渐渐寒食与清明合二为一，寒食节也成为清明节的别称。

清明节真正成为民俗节日是在唐宋以后，唐宋时期民间逐渐将寒食节的节俗内容与清明节合二为一。唐代清明节上墓祭扫已成为风气。宋代孟元老的

《东京梦华录》记载，北宋时期人们在清明节这一天都要祭拜扫墓。南宋吴自牧的《梦粱录》中还提到了人们到郊外上坟扫墓的目的，是尽自己对祖先的思念之情和敬仰之心。另外，清明时节草长莺飞，风和日丽，人们也趁机到户外踏青春游。宋代画家张择端的《清明上河图》，以神来之笔描绘出清明时节人们上坟踏青归来后逍遥自在的场景。进入清代，清明节仍是流传于民间的一个重要节日。清代《帝京岁时纪胜》记载，清代的北京，清明节一到，“倾城男女”纷纷扶老携幼，去四郊扫墓祭祖。

（2）清明节的习俗　祭祖扫墓是清明节的重要习俗。一到清明，人们就会忙着上坟祭扫。古代无论帝王宫廷还是普通百姓都会在清明节前后上坟祭扫。如唐代王建诗云：“但看垄上无新土，此中白骨应无主。”清代以后祭祖扫墓除了山头祭，后世还出现了祠堂祭或称“庙祭”。到了现代，人们祭祖的内容则根据个人情况而定，或在坟前简单地献上一束鲜花寄托哀思，抑或不上坟而采用网祭、不烧纸而植树的方式。

踏青，又叫春游、探春。清明时节，春回大地，自然界到处呈现一派生机盎然的景象，正是郊游的大好时光。提到踏青，人们自然就会联想到唐代诗人崔护游城南庄之事。崔护写出了《题都城南庄》“去年今日此门中，人面桃花相映红。人面不知何处去，桃花依旧笑春风”的经典诗句。

清明节时期是杨柳发芽抽青的时间，民间有折柳、戴柳、插柳的习俗。人们或将柳条插于房檐、轿乘，或编成帽子戴于头上。相传此俗是为了纪念“教民稼穑”的神农氏，也有说是避免疫病、祈寿之意。

清明节还有荡秋千、放风筝的活动。据古书记载，秋千原是春秋时期中国北方的一个古老部族山戎族的发明，后齐桓公北伐山戎后传入中原，演变为娱乐活动。风筝也是中国古代的一项发明。最早的风筝由木头制成，叫“木鸢（yuān）”。大约在西汉初年，木鸢改用竹子和丝绸制作，后又改为纸张。南北朝时期的古籍中，已屡屡出现“风筝”一词。明清之际，是风筝鼎盛时期。旧时，人们把风筝放上蓝天后，便剪断牵线，据说这样能除病消灾，给自己带来好运。

清明节前一日为寒食节，古人有吃“寒具”的习俗。“寒具”历代叫法不一，从文献记载来看，应该为馓子、麻花之类的食品。这类食品油香酥脆，可存放时间长，还可以冷食，因此成了流行的清明食品。另外，清明节巴蜀一带喜吃“欢喜团”，江南一带则几乎家家都做青团（图5-6）。

图5-6　青团

4. 端午节

农历五月初五是端午节。端午本是仲夏月的第一个午后，即夏历的午月午日，后人们用数字纪时取代干支纪时，以“重五”取代“重午”，但仍保留“端午”之名。端午作为节名，始于魏晋时期。晋人周处《风土记》中有“仲夏端午，烹鹜角黍”的记载。唐代以前“端午”“端五”混称，因唐玄宗生于八月初五，为避讳正式改为“端午”。

（1）端午节的由来　端午节纪念屈原的传说在我国民间流传已久。据说，屈原是楚国大臣，很有才华，受楚怀王重用，但也因此遭同僚妒忌。他们在楚怀王面前诽谤屈原，怀王轻信小人之言将屈原放逐。屈原在流放途中惊闻楚怀王客死秦国和都城被占的消息，满腔悲愤，写下绝笔《怀沙》后投汨罗江而死，这一天刚好是五月初五。楚国百姓惊闻屈原之死，纷纷前往江边凭吊。人们争相划船抢救，这在后世演变为龙舟竞渡；人们为保护屈原的尸体不受损害，用箬叶包了米喂鱼，这就是后来的粽子。

（2）端午节的习俗　端午节在秦汉间已经形成，主要习俗还是辟恶，孩童在这一天在手腕、脚踝上系五彩（黄、青、赤、白、黑）丝线，以保安康。隋唐时期，端午节已少了辟恶之俗，而多为娱乐活动，龙舟竞技盛行一时。宋代以后，端午节的风俗有了新的变化，受道教的影响，开始做天师泥像挂于门上。明清时期，龙舟竞渡之风盛况空前，成为各地普及的风俗（图5-7）。

彩图：端午节

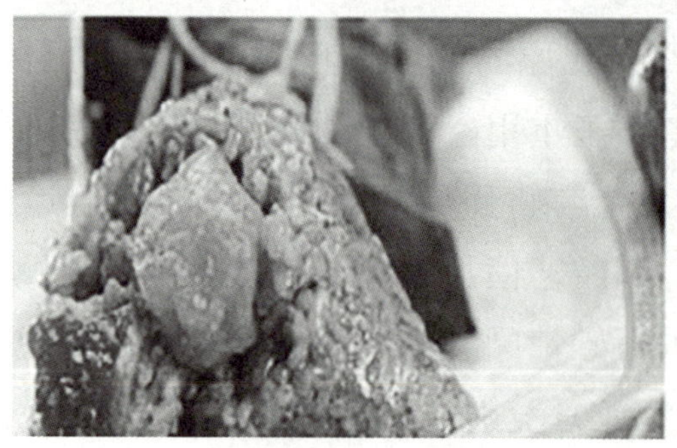

图5-7　端午节

如今，赛龙舟作为一项重要体育活动，几乎遍及大江南北。此外，随着中外文化交流，龙舟竞渡也先后传入日本、越南及东南亚诸国，赛龙舟盛传于世。

中国南北各地均有端午节挂艾草或菖蒲的习俗。艾草代表招百福，是一种可以治病的药草；菖蒲则具有提神通窍、杀虫灭菌的功效。人们将两者挂于门上以期辟邪、护健康。佩戴香囊、系五色丝线也是端午的习俗之一，五彩丝系在臂上，佩戴的装满药草的香囊，精致可观，香气扑鼻，有避邪驱瘟之意。

到了晋代，粽子正式定为端午节庆食品。粽子由稻米、箬叶和馅料制成，花样繁多，由于南北口味不同而形成了甜粽、咸粽两大类。

端午节风俗形成可以说是南北风俗融合的产物。龙舟竞渡起源于南方，把五月五日视为“恶日”则起源于北方。

5. 乞巧节

乞巧节是汉族的传统节日，又叫“七夕节”“七巧节”或“七姐诞”。古代女子希望以牛郎织女为榜样，所以每逢七姐诞，她们都会向七姐祈求自己能够心灵手巧，获得美满姻缘。

（1）乞巧节的由来　乞巧节起源于汉代，东晋葛洪的《西京杂记》有“汉彩女常以七月七日，穿七孔针于开襟楼，俱以习之”的记载，这便是我们于古代文献中所见到的最早的关于乞巧节的记载。

在宋代以前，“乞巧”主要是指女子通过各种方式提高自身技艺和魅力的活动。而到了宋代，“乞巧”逐渐演变成了男女相恋、相会、相识、相亲、相许的活动。到了明嘉靖年间，人们开始称农历七月七日为“七夕节”。到了清朝时就把农历七月七日这一天定为“乞巧节”了。

（2）乞巧节的习俗　乞巧是乞巧节的重要活动。乞巧就是农历七月七日晚上妇女向织女星乞求智巧。乞巧的活动种类很多，最常见的是穿针乞巧。女子比赛穿针，结彩线，穿气孔针，穿得越快就意味着乞到的巧越多。七娘会，广东称“拜七姐”，闽台称“拜七娘妈”。姑娘们梳妆打扮，准备好乞巧玩品、各

种花果器物举行盛大的祭拜、祈福仪式（图5-8）。

图5-8　乞巧节

彩图：乞巧节

除了拜七姐，民间还有拜魁星的习俗。俗传魁星农历七月七日生日，魁星主文事，想求取功名的读书人特别崇拜魁星，所以要在七夕之日祭拜，祈求他保佑自己考运亨通。

“七月七，晒棉衣”的风俗始于汉代。此风俗到魏晋时期演变为了晒书。人们选择七夕晒衣、晒书。据说是因为农历七月七日阳光强烈，暴晒衣物可防蛀虫，起到杀菌的效果。七夕节的节俗食品以巧果最为出名，酥糖、巧巧饭等也是不同地方的应节食品。

6. 中秋节

农历八月十五是中秋节。中秋节有许多别称，因其节期在八月，又称“八月节”；又因节日的主要活动与月亮有关，俗称“月节”“月夕”；中秋月亮圆满，象征团圆，所以又称“团圆节”。

（1）中秋节的由来　据史料记载，“中秋”一词最早出现在《周礼》一书中。魏晋时，有“谢尚时镇牛渚，秋夜乘月，率尔与左右微服泛江”的记载。唐代时，中秋节成为官方认定的固定节日。北宋时期，中秋节已成为普遍的民俗节日，并正式定农历八月十五为中秋节。明清以后，中秋节已成为中国民间重要的节日。

关于中秋节的来历，一种说法是源于古代的祭月典礼。古时，春种前要进行“春祈”活动，求土地神赐予五谷，到了秋收的季节要进行“秋祀”，人们在月亮最圆最亮的时候对月祭天，祈求来年五谷丰登，表达“花好月圆”“人寿丰年”的美好愿望。

（2）中秋节的习俗　中秋节自古就有祭月、赏月、吃月饼、玩花灯等习俗，流传至今，经久不息。八月十五这一天是一年中赏月最好的时节。十二度圆皆好看，其中圆极是中秋。中秋赏月的风俗在唐代极盛。宋代以后拜月、赏月活动更具规模。我国各地至今仍遗存“拜月坛”“拜月亭”“望月楼”等古迹。

吃月饼是中秋节最重要的习俗。月饼最早是用来祭拜月神的贡品，后来人们逐渐把它作为节日食品赠送亲友。《中国风俗辞典》记载，唐代已有吃月饼的风俗，明清以来特别兴盛。清代北京中秋节除赏月、吃月饼外，最有特色的就是到处卖“兔儿爷”（图5-9）。兔儿爷用泥做成，兔首人身，亦庄亦谐，原是用来祭月，后来变成了儿童中秋节的玩具。除了以上节俗外，中国南北各地也有各自不同的地域习俗。如潮汕地区的中秋拜月，江苏无锡的拜斗香，四川的点橘灯，山东的祭土谷神，香港的舞火龙等。

图5-9　兔儿爷

彩图：兔儿爷

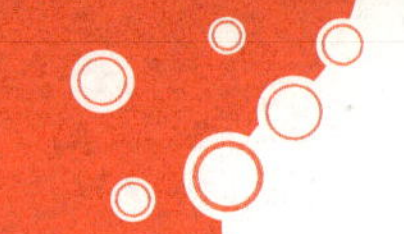

7. 重阳节

农历九月九日是重阳节，又称“老人节”。古人认为九是阳数的代表，两九相重即为“重九”；日月并阳，两阳相重，故九月九日为“重阳”。

（1）重阳节的由来　重阳节是我国民间流传的一个古老的节日，其由来十分久远。据现存史料考证，重阳节的源头可追溯到上古时代在秋季举行的丰收祭天、祭祖活动。古人在九月秋收之际举行祭天、祭祖活动来感念天帝、祖先恩德。一般认为，该节日始于先秦时期，屈原诗作《远游》中就有“集重阳入帝宫兮，造旬始而观清都”的记载。晋代葛洪的《西京杂记》中记录了汉朝宫内“九月九日，佩茱萸，食蓬饵，饮菊花酒，令人长寿”的场景。唐代正式官方确定重阳节为“三令节”之一，并在民间迅速流行开来。明代以后，重阳活动代代相传，盛久不衰。发展到近代，重阳节承载了更加丰富的文化内涵，因“九”是数字中的最大数，且“九”与“久”谐音，有长久、长寿的含义，寄托人们对老人健康长寿的祝福。

（2）重阳节的习俗　登高是重阳节俗的中心内容，其原始意义是躲避灾祸。古时人们认为重阳节处在冷暖变化、天气初寒的时刻，容易感染疾病。在原始阴阳概念中，九是阳数的极数，九九重阳意味着阳数的极盛，盛极必衰，因此人们要出外登高野游，避免可能发生的灾祸。唐人登高之风盛行，关于登高的诗作也有很多。

重阳节还有插茱萸、赏菊、饮菊花酒的习俗（图5-10）。茱萸是一种可作中药的果实，可以治寒祛毒。古人认为佩戴茱萸可以避邪祛灾。菊花在九月盛开，又是传统草药，所以也成为重阳节避邪之物。重阳赏菊之风在春秋时期已露出端倪，《礼记·月令》说“季秋之月，鞠有黄华”。唐代更是无菊不重阳，诗人王维《奉和圣制重阳节宰臣及群官上寿应制》中说“无穷菊花节，长奉柏梁篇”，直接称重阳节为菊花节，可见菊花在节日中的重要地位。饮菊花酒也是重阳节流行的习俗，古人笃信饮菊花酒可以延年益寿。吃重阳糕，自唐宋以后开始流行。糕在汉语中谐音“高”，是向上、高升的象征，也有步步登高的意思。讲究的重阳糕要做成九层，像座宝塔，上加两只小羊，以符合重阳之意。

图5-10　重阳节

彩图：重阳节

8. 腊八节

腊八节是流行于我国北方的一个传统节日，每年农历十二月初八，北方很多地区忙着泡腊八蒜、喝腊八粥，南方却很少提及腊八。“腊”是古代的一种祭礼，即人们每年年底举行的一种对自然界风调雨顺的答谢祭。秦始皇统一历法，将冬末春初的十二月定为“腊月”，举行冬祭的日子称为“腊日”。受佛教影响，腊日被确定在十二月初八，后来各大佛寺都会在腊八时做粥馈赠善男信女。此风俗传至民间，平民百姓纷纷效仿，腊八节喝腊八粥便演变为了民间风俗，其宗教的色彩现已基本消失。

最早的腊八粥用赤豆煮，后来几经演变，不同地区的腊八粥用料各有不同，逐渐丰富起来，但基本上都包括大米、小米等谷类，红豆、绿豆等豆类，红枣、花生、桂圆等干果类食材，味道鲜美，营养丰富（图5-11）。

二、中国传统节日的特征与内涵

中国传统节日根植于中国悠久的历史之中，并在中华民族几千年延续不断的文化传承中滋养成型。这些传统节日凝聚着历代劳动人民的智慧和情感，文

图5-11 腊八粥用料

彩图：腊八粥用料

化内涵丰富。

1. 中国传统节日的特征

中国传统节日具有以下特征。

（1）礼仪性　中国是礼仪之邦，讲究礼尚往来。从春节开始，每隔一段时间即有一个重要的节日，“来而不往非礼也”，大家在节日期间相互看望、送礼，节日往来成了密切人际关系、交流生活信息的重要手段。

（2）理想性　我国每一个传统节日都有一个共同的理想和目的。例如，春节和清明节的目的是慎终追远，悼念先祖；中秋节的理想是祈盼家人团结，共创美好。

（3）时代性　节日风俗的形成有它的时代性，如元宵节观灯形成于汉代，兴于唐代，元宋后更盛，这是物质丰富、文化发达的产物。

（4）民族性　每个民族都有自身的民族节日和与之相适应的风俗习惯。

（5）传承性　节日风俗经过世代流传逐渐变成了一种固定形式，在一个地区或民族中具有强大的约束力。

（6）变异性　节日风俗的形成是一个不断变化和发展的过程。随着时代的进步、生产方式的变更及自然环境的变化，节日风俗不可避免会发生改变。优秀的风俗，后人继承下来并不断改进；不健康的风俗，会被改进，甚至被舍弃。

（7）群众性　节日风俗是人民群众集体智慧的结晶，具有集体化、大众化的特点。

（8）地方性　中国幅员辽阔，因居住环境的不同，一个普遍流行的节日风俗中也有不同的地方特色。

2. 中国传统节日的文化内涵

中国传统节日是中华民族共同创造、发展和传承下来的优秀传统文化，凝结着中华民族的民族精神和民族情感，承载着中华民族的文化血脉和思想精华，是维系国家统一、民族团结和社会和谐的重要精神纽带，是建设社会主义先进文化的宝贵资源。中国传统节日文化内涵丰富，主要体现在以下几个方面。

（1）中国传统节日根植于古代农耕文化　中国是世界上最早步入农业文明的古国之一。先秦时期，人们就意识到“国之大事在农”，认识到人类生存、发展必须顺应天地运行规律和气候变化规律。为准确反映四季变化，指导人们生产生活，古人确立了“二十四节气”。岁时节令确定后，一些在农耕周期中起到重要作用的特殊日期节点就凸显了出来，人们会在这些特殊节点到来时举行重大的祭祀和庆典活动，随之慢慢演变为传统节日。

纵观中国传统节日的时间特点，可以看出它们都分布在一年的特定季节，从春节、元宵节到重阳节、腊八节，可以联结成一年春、夏、秋、冬四季。春耕、夏耘、秋收、冬藏，人们依据岁时季节和农业活动的周期变化，辛苦劳作，娱乐享受，张弛有度。

从节日的时间分布上看，一年之中冬、春两季节日较多，节庆活动内容丰富，而夏、秋两季节日相对较少，这与农耕社会农忙、农闲有关。由此可见，中国传统节日反映了农业社会的规律，具有鲜明的农业文化色彩。

（2）中国传统节日体现浓厚的伦理观念　中国传统节日活动中的祭祖仪式和阖家团圆之乐，保留着祖先崇拜的痕迹，体现了中国传统的伦理特色。春节、元宵、清明、端午、中秋、重阳等节日，或庙祭，或墓祭，或洒扫焚香，第一刀新穗、第一杯佳酿都是用来祭奠祖先的。人们通过这种活动，表达后辈

的孝思与追念。这种周而复始、连绵不断的岁时节俗，又不断强化人们的血缘亲情。每逢节日来临，一家人团团圆圆、和和气气地坐在一起吃饭、聊天，共享天伦之乐。亲戚邻里之间互赠节日礼品，增进感情。传统节日成了维系人际关系、人情往来的重要精神纽带。

（3）中国传统节日蕴含丰富的哲学思想　中国传统节日的由来和风俗习惯作为中华传统文化的重要组成部分，蕴含着“天人合一”的哲学思想和崇尚自然的情怀。“天人合一”最基本的含义是追求自然与精神的和谐统一。古时，人们生产与生活都要顺应天道，追逐着日月星辰的轨迹和四季更替，感悟天、地、人“三才”的贯通一气，设置的农历与自然规律协调一致。四时节俗也是以农历为时间界定，从时序安排上宛如一条由自然节气生成而贯穿春、夏、秋、冬的文化链。四时节庆的和谐有序、错落有致，充分体现了人与自然的和谐统一。

（4）中国传统节日是民族精神的写照　中国传统节日在流传与发展过程中吸收了中华民族优秀的文化精髓，集中体现了历代劳动人民共同的理想和精神追求，正是这种民族精神的存在，中国传统节日及其风俗历经千年得以传承、发展。中华民族精神的主要内容有：

热爱生命的人本情怀：中国传统节日以人为中心，追求人与万物的和谐。各项节庆活动以满足人的需要、和谐天人关系、促进人际交往为目的。另外，中国许多节日有辟邪驱瘟的习俗，表达了人们热爱生命、追求健康的心愿。

尊老爱幼的传统美德：中国人民崇尚孝道，不忘根本，慎终追远。这种民族精神通过节日祭祖仪式代代相传。节俗活动中也有体现对长者尊敬和对幼儿宠爱的内容。节日期间，人们开展各项敬老活动，表达对老人的美好祝愿。幼儿也是传统节日的宠儿，可以春节拿“压岁钱”，端午节佩戴香囊，中秋节把玩“兔儿爷”等。

精忠爱国的博大情怀：中国传统节日中有不少与忧国忧民的民族气节和精忠爱国的博大情怀相联系，其中清明节和端午节体现得最为明显。清明节的习俗来源于寒食节，介子推“割股奉君”，劝谏君王自修自省，勤政清明。人们为纪念他忠义正直的气节，在寒食节之日普遍禁忌烟火，只食冷食。端午节的龙舟竞技、吃粽子、挂艾草等习俗，则与纪念伟大的爱国诗人屈原联系起来。

和谐美好的心理追求：人们追求万物和谐共生、家庭团圆、生活美满的心理诉求常常体现在中国传统节日习俗中。除夕之夜，全家团聚，一家人欢欢喜喜吃团圆饭，守岁迎春。端午节的赛龙舟是一种集体和谐合作的活动。重阳节登高，吃重阳糕，寄托人们希望健康长寿、步步高升的美好愿望。

（5）中国传统节日是民族情感的凝结　中华传统文化是中华儿女的精神寄托，是凝聚中华民族的精神纽带。中华传统节日作为中华传统文化的载体，是民族情感的鲜活展示和充分表达。中国传统节日经过几千年的传承、发展、融合，形成了独特的民族特性。

千百年来，无论海内海外，传统节日总是能吸引中华儿女广泛参与和共享。每逢春节，中国人无论身在何处，都要回家团聚，共度新春。海外的华人华侨也会以不同的形式庆贺佳节，有华人的地方就有“中国年”。中华传统节日作为一个文化符号，标志着中华民族的认同感，是维系中华民族融合统一的重要纽带。

3. 中国传统节日的传承与创新

礼仪是节日的形式，也是文化的外在体现。只有将传统礼仪与新时代结合起来，将中华优秀传统文化与社会主义核心价值观联系起来，才能促进节庆礼仪的历久弥新。我们可以在清明节以植树绿化等形式祭奠先人，体现天人合一；在端午节开展体育竞技活动，提高全民族的竞争意识；在重阳节，推动“老吾老以及人之老”志愿者活动，体现孝心大爱。

传承与创新中国传统节日有利于增强民族凝聚力，有利于展示国家形象。在中国人的精神谱系里，家是国的基础，国是家的延伸，也正是基于这一道德自觉，尽管时代在变，但家国情怀始终是传统节日不变的底色，让传统节日成为爱国节、文化节、文明节，才能赋予其新时代的内涵。

第四节　各具特色的地域文化

我国地域文化起源于上古时期氏族部落的群聚文化。先秦时代，由于地理环境和生活习俗不同，交通不便，各诸侯国施政者采取的管理方式也不尽相同，不同诸侯国出现了文化差异，因而形成了比较稳定的、具有地域特色的文化。

一、古代地域文化代表

其中主要有受周王朝影响形成的中原文化，以秦为代表的秦陇文化，以韩魏赵为代表的三晋文化，以齐为代表的齐鲁文化，以楚为代表的荆楚文化，以吴为代表吴越文化，以及以燕为代表的燕赵文化等。经过两千多年的演变，有些古代地域文化的特点习俗更加鲜明稳固，有些则因为社会变迁、人口流动等原因被弱化了。

二、古代地域文化简介

1. 中原文化：中华之根，包容开放

中原文化是黄河中下游地区的物质文化和精神文化的总称，是中华文化的母体和主干。在中国历史上，由于黄河泥沙的淤积和气候等诸多便利的自然条件，这里自上古时期就形成了发达的农业文明，在诸地域中最先跨过了“文明的门槛”。自上古有巢氏 、燧人氏，传说中的三皇五帝，多在中原活动。夏、商、周三个朝代大多定都中原，直至唐宋，可以说中原长期为中国的政治、经济、文化中心。中原文化，在某种程度上就代表着中国传统文化。

具有农耕文明特质的民俗活动，如婚嫁礼俗、节令民俗大多起源于中原。如春节的祭灶、岁末守岁、贴春联、吃饺子和拜年，农历正月十五元宵节点灯盏，三月清明节祭祖扫墓，七月七观星乞巧，八月中秋节赏月、吃月饼，九月重阳节登高等。

正如一考古学家所说：中原以外的文化区都紧邻或围绕着中原文化，很像一个巨大的花朵。这些外围的文化区是花瓣，而中原文化是花心。正是花心的不断绽放，才形成了中华文化这朵绚烂的文明之花。

中原文化是中华文化之根，它的主要特点可以总结为：

（1）根源性　中原文化在整个中华文明体系中具有发端和母体的地位。无论是口头相传的史前文明，还是有文字记载以来的文明肇造，都充分体现了这一点。从“盘古开天”“女娲造人”“三皇五帝”（图5-12）“河图洛书”等神话传说，到对早期的裴李岗文化、仰韶文化、龙山文化和二里头文化的考古发掘，河南省有大量遗址遗物。夏、商、周三代，被视为中华文明的根源，同样发端于河南。作为东方文明时代标志的儒道墨法等诸子思想，也正是在总结中原先人诸多学说基础上形成的。

（2）原创性　中原文化对构建整个汉族文明体系发挥了至关重要的开创作用。无论是政治制度的建构，还是汉字和商业文明的创造，乃至重大科技的发

图5-12　三皇五帝

明与中医药的产生，都烙下了中原文化的胎记。《易经》对宇宙、社会、人生的独特发现，极大地影响了中国人的民族性格和民族文化心理。黄帝设置百官和李斯提出的郡县制，确立了中国几千年封建社会的基本制度模式；张仲景的《伤寒杂病论》、张衡的浑天仪，都在中国历史乃至世界历史上占据着举足轻重的地位。

（3）包容性　中原文化具有兼容众善、合而成体的特点。中原文化通过经济、战争、宗教、人口迁徙等众多方式，实现了物质文化、制度文化和思想观念的全面融合与不断升华。考古人员发现，20万年前南北文化在中原一带交汇。进入新石器时代，文化交流更为频繁，文化融合更为深化。胡乐、胡舞、胡人食品在汉唐间传入中原。世界其他地区的宗教基本都具有排他性，但是作为外来宗教的佛教传入中原，却被本土的儒道文化所吸收融汇。

（4）开放性　中原文化有着很强的辐射力和影响力。集中表现在：一是辐射各地。如岭南文化、闽台文化以及客家文化，其核心思想都来源于中原的河洛文化。唐代的思想家、文学家韩愈就极大地影响了潮汕文化。二是化民成俗。中原文化中的一些基本礼仪规范常常被统治者编成统一的范本，推广到社会及家庭教育的各个环节，从而实现了“万里同风”的社会效果。三是远播异域。秦汉以来，中原文化主要是通过陆路交通向东向西广泛传播，不仅影响了朝鲜半岛和日本的古代文明，而且开辟了延续千年的丝绸之路。班超出使西域、玄奘西天取经、鉴真东渡扶桑等历史记载，都书写了中原文明传播的壮丽画卷。从北宋开始，中原文化凭借当时最发达的航海技术，远播南亚、非洲各国，也开辟了世界文明海路传播的新纪元。

中原文化主要产生并繁衍于黄河流域，因此有人称中原文化的类型属于“河谷型”文化，有着极强的内聚力和广博的容纳性。内聚力主要表现是在外力的冲击下仍可依赖自己的精神和文化上的价值优势，如重人伦道德、重义轻利、崇尚整体、热爱国家等，齐心协力对付外来的冲击。

以农业为主要生存方式的中原人，日日面对自己精心呵护的庄稼，形成了细腻温和、稳定持重的性格，保守务实、勤俭朴素的行为准则，中庸平和的文化品格；同时，农耕文明简单重复、稳固而又闲适的生活方式，也塑造了中原人循环稳固的心理和恒久不变的文化保守意识。

2. 秦陇文化：民风淳朴，骁勇善战

关西地区，即现在的陕西、甘肃中部一带。关西处于干旱区与季风区的交界处，气候干旱少雨，宜牧不宜农。秦人本就是游牧民族的一支，他们长期与戎狄错杂居住，崇尚武力，能骑善射。周天子东迁后，秦国因为护送有功被封为诸侯，从此向东发展。秦穆公时征服西戎，并接收和继承了西周的地盘，雄踞关中，成为霸主之一。

商鞅变法后实行奖励军功政策，军民长期形成了能征善战的尚武习俗。同时修建郑国渠，关中平原就此富足。秦人出身游牧民族，加上鼓励军功，轻视教化，使得军民“勇于公战，拙于出头”。长久以来形成了秦陇文化的特点：民风淳朴，英勇彪悍，纪律严明，能征善战。图5-13为秦始皇兵马俑。

图5–13　秦始皇兵马俑

3. 三晋文化：文武兼备，内斗不息

晋国在春秋时期是第一大诸侯国，为春秋战国时期政治经济军事文化中心之一。晋国即现在的山西、河北一带，北方地近夷狄所居的蒙古高原，西方拥有河西之地，南方拱卫（环卫）周天子的中原，东边俯视齐鲁，土地肥沃，人口茂密，物产丰富，经济发达，因而是左右全国形势的第一大诸侯国，晋文公成为春秋五霸之一。

即便是战国时期分裂为韩魏赵三国之后，依然占据“战国七雄”之三。战国时期也是由“三家分晋”开始计算，可见三晋（韩魏赵）的政治、军事、经济、文化之强盛。然而，三家分晋的后果是，相互嫌隙不断，内乱频仍，使得秦国坐大，最后三晋韩魏赵被一一灭国。

纵观先秦时期三晋文化的特点，主要是重视人才、崇尚教育、讲究法治、善于变通、兼容并蓄，因而晋地人才济济，文相武将法家纵横家等人才辈出。不过晋人在当时不善于抱团，相互内斗也成为三晋文化的令人叹惋之处。图5-14为西周晋侯鸟尊。

图5–14　西周晋侯鸟尊

4. 齐鲁文化：重视文教，善于变通

齐鲁即齐国、鲁国，现在的山东一带。齐鲁东临滨海，地势相对平坦，肥沃千里，交通便利。齐国是姜太公封地，姜尚“因其俗，简其礼”，促成了东夷文化向齐文化的转变。齐桓公时期重用管仲，通货积财，富国强民，从而成为春秋第一位霸主。春秋时期齐文化特点为善于变通，工商业发达，因而多经济善贾之才。

鲁国是周公之子伯禽封地，以礼治国，注重繁文缛节，重农抑商，缺乏变通，长期依附于齐晋楚等大国，频频被齐楚蚕食，缺乏雄才伟略之士。不过鲁文化注重诗书礼教，因而涌现了诸多先贤，尤其以孔子最为著名，使得后来儒教兴盛。

齐国鲁国相邻，风俗相通，文化相近，统称为齐鲁文化。图5-15为孔子像。

5. 荆楚文化：开拓进取，浪漫融合

周成王时期，封楚人首领熊绎为子爵，楚国立国初期在现在的湖北一带，

图5-15　孔子像

偏僻狭小，和周边苗蛮族杂居，楚人也自称“蛮夷”。春秋战国时期，楚国刚开始臣服周天子，立足江汉，向东南扩张，因而不断开疆拓土，逐渐拥有南方广大地域。而北方诸侯国一向视周边为蛮夷之地，逐鹿中原，因而楚国疆域很少受到威胁，使得楚国逐渐成为群雄之一，颇有争霸之势。

战国后期楚国君主崇尚巫风，骄淫奢侈，安逸享乐，穷兵黩武，长期陷于内乱，风头渐渐被临近的吴国抢去。纵观先秦时期楚文化，习俗近蛮夷，但忍辱负重，开拓进取，多元融合。荆楚大地文学作品充满奇幻的想象和浪漫情怀。当时涌现了屈原、宋玉等辞赋大家。图5-16为曾侯乙编钟。

图5-16 曾侯乙编钟

6. 吴越文化：民风彪悍，尚武逞勇

吴越，即吴国和越国合称。吴越地处江南，即现在江苏、浙江一带，河流纵横交错，古时以渔猎为主。西周时期，泰伯奔吴，传播农耕技术，当地部落文化、中原文化与荆蛮文化相互融合。越国源自古代禹之苗裔，东南的于越部落。吴越远离中原，资源丰富，冶炼铸造业首屈一指；气候适宜，大力推广桑

蚕业，因而春秋战国时期逐渐崛起，经济逐渐强盛，成为当时游离于中原之外的经济军事强国。

吴、越和楚国位置相邻，习俗相近，彼此之间的征战连年不断，刚开始楚国强大，势压吴越。后来伍子胥奔吴，推荐孙武，吴国开始强大，几乎灭楚。然而螳螂捕蝉，黄雀在后，越王勾践卧薪尝胆，最后灭吴。越国强盛后，宫廷内乱不断，贵族间互相残杀，政局混乱，反而又被老牌强国楚国打败，国君被杀，从此分散为众多小邦国，再无起色。

春秋战国时期吴越文化，习俗披发文身，近似蛮夷；民风彪悍，尚武逞勇，性格好强，勇于私斗；粗犷中蕴含精致，阴柔里突出倔强。

7. 燕赵文化：慷慨豪爽，任侠彪悍

燕赵文化是战国时期以燕国和赵国北边部分疆域为主，形成的一种平原文化。燕赵即现在的河北北部、北京市、天津市一带。燕国为召公封邑，土地富饶，沃野千里，然而由于北边近胡人，经常受到侵扰，战火屡兴。战国时期燕昭王被赵武灵王扶立，从此励精图治，招贤纳士，汇集人才，重用乐毅、邹衍、剧辛等，伐齐破胡，从而跻身为战国七雄之一。然而燕昭王去世后，乐毅奔赵，宫廷内斗，从此衰落。

燕赵地处北疆，气候干燥，汉胡混杂，相互交融，燕赵文化一方面能够兼容并蓄，诸如赵武灵王胡服骑射（图5-17），影响整个汉文化演变；一方面民风性情耿烈，剽悍难制，义勇好斗，慷慨豪爽，好气使性，因而有荆轲刺秦、燕赵悲歌之举。

8. 岭南文化：兼收并蓄，敢为人先

岭南文化是中国岭南地区特有的文化现象，大体分为广东文化、桂系文化和海南文化三大块，主要以属于广东文化的广府文化、潮汕文化和客家文化为主，这是岭南文化的主体。岭南文化为原生性文化。基于独特的地理环境和历史条件，岭南文化以农业文化和海洋文化为源头，在其发展过程中不断吸取和融汇中原文化、百越文化和海外文化，逐渐形成自身独有的特点。

图5-17　赵武灵王胡服骑射

岭南文化多元融合、兼收并蓄。它融合了中原文化、荆楚文化、吴越文化，特别是百越文化、海洋文化等各种外来文化，形成独特的文化风格。这种多元融合的文化特征，使得岭南文化在保持自身特色的同时，也具有极强的包容性和创新性。

岭南文化勇于开拓。岭南人民的开拓精神体现在对未知领域的探索和勇于尝试上，他们不畏艰险，敢于冒险，这种精神在广东的对外贸易、海上丝绸之路的发展以及近代的社会变革中都有所体现。

岭南文化注重实效和功利，这种价值取向在广东的经济发展中尤为明显。广东作为中国南方的经济中心，自古以来就是商贸繁荣之地，这种务实重商的精神促进了广东的经济繁荣和文化发展。图5-18为明代泉州第一港。

岭南文化鼓励创新，敢于引领社会变革。从近代的维新变法到现代的改革开放，广东都走在时代的前列，这种敢为人先的创新意识是岭南文化的重要特征之一。

岭南文化形式多样、风格鲜明。如粤剧、广东音乐以及广绣、端砚等传统

图5-18 明代泉州第一港

工艺，南拳、粤菜和粤派建筑，这些岭南文化的品类，展现了岭南人民的审美追求和生活情趣。

基于岭南自然环境、人文环境和人的体质禀赋等原因，广东逐渐形成以“南派武术”为地域特色的武术，也称南拳。这些武术大都套路短小精悍、讲究桩功、步伐稳健、手法多变、攻击迅猛，常伴以声助威，技击性强，而由于多次民族迁徙和长期的文化交流，还糅合了许多广东地区以外的武术元素和理念。

9. 巴蜀文化：崇尚信义，崇教贵道

巴蜀文化指四川盆地的地域文化。巴文化以四川省东北部地区（巴中、达州、阆中）为中心。蜀文化则由三个古族融合而成，以德阳、成都地区为中心。公元前316年巴蜀两国被秦灭，巴、蜀文化开始交融。

巴蜀地区地域辽阔，自然条件优越，由于涵盖范围广，巴蜀地形复杂多样，含盆地、平原、丘陵、山地、高原、高山诸多类型。巴蜀地区又是一个被崇山峻岭包围的盆地，形成了与外界文化交流的自然屏障，因此巴蜀先民很早就有“走出去”的意识。秦兼并巴蜀以后，很快开始采取大规模的栈道修建，

解决了巴蜀地区和关中地区的交通问题。

四川盆地是富庶的天府之国，自古即山清水秀，夏无酷暑，冬无严寒，是适于农耕的美丽富饶之地。因其富庶，吸引移民。历史上曾有五次大规模的移民迁徙到巴蜀地区。封闭的环境反而造成巴蜀文化的开放包容，这是巴蜀文化的特点，也是一个很奇特的文化现象。

巴蜀文化崇尚信义。人民讲信誉、守诚信。在宋代的时候，巴蜀地区就开始使用纸币，称为“交子”。成都有一个交子巷，相传就是交子最早印发、使用的地方。“交子”的使用必须要求这个地区拥有良好的秩序，并且人们都讲信用，否则，如何能用一张纸币去换取有价值的财富呢？所以讲信誉、守诚信也是巴蜀文化的特色。

巴蜀文化崇教贵道。历史记载表明，巴蜀地区是地方办学最早的地区，在《汉书》中有记载，文翁率先办学，比在汉武帝时期办太学还要早。长期熏染，巴蜀地区就形成了一种崇教的文化氛围。巴蜀文化还尊崇自然规律。巴蜀地区的水利工程都江堰就反映了蜀人道法自然的水文化理念。

巴蜀文化人文荟萃。“自古文人多入蜀”，四川是我国的文化圣地。三国时期，诸葛亮“两表”耀千秋；唐代的诗仙李白、诗圣杜甫等也曾云集巴蜀。图5-19为商代青铜人头像。

三、地域特点与武术风格

自然环境、地理特点、民族风俗等因素塑造了各具特色的地域文化，这些地域文化对当地武术风格的形成产生了深远的影响。比如：

南北差异。北方武术，如少林拳，受到北方人强壮体魄和豪放性格的影响，动作大开大合，气势宏大。而南方武术，如南拳，受南方人灵活敏捷的特点影响，动作小巧精细，招式繁复。

山区和平原差异。在山区长大的习武者，因为地形崎岖，他们的武术往往强调腿脚的灵活性和体力的耐力。而在平原地区，武术则可能偏向于力量的表

图5-19　商代青铜人头像（成都市博物馆藏）

现和直接的攻防技巧。

水乡差异。江南水乡的武术，如水上漂、船拳等，就体现了水乡特色，这些武术形式往往与船只、水上生活紧密结合，动作轻灵，便于在狭窄的船舱或湿滑的甲板上施展。

民族差异。少数民族的武术也有各自特点，如藏族的格斗术、蒙古族的摔跤、维吾尔族的刀术等，都深受本民族文化和生活习惯的影响。

古代地域文化对武术的影响不仅体现在技术层面，更深入到武术的文化内涵和审美取向中。不同的地域文化孕育了丰富多彩的武术风格、流派，成为中华传统武术多样性的重要根源。

思考与实践

1. 思考

（1）古代礼仪哪些至今仍有生命力，应该如何传承和创新？

（2）我国的传统节日很多和二十四节气有关联，这是为什么？

2. 实践

设计一份关于中西方节日文化对比的调查问卷，了解班级中同学们对中西方节日的重视和了解程度，并根据调查结果撰写一份调研报告。

中国传统节日相关的古诗词欣赏

第六章
独树一帜的中华传统武术文化

学习目标

知识目标

1. 了解武术的概念、起源和特点。
2. 了解现代武术和传统武术的内涵和外延。
3. 了解古代武术萌芽、发展、成熟和现代武术嬗变的演变历程。

能力目标

1. 在武术文化的学习中体验历史文化的乐趣。
2. 形成正确的阅读习惯，养成良好的学习行为。

素养目标

1. 学习武术人的英武自信和合作精神。
2. 懂得中国武术是用于保家卫国、强身防身的技术。

文化探究

“武术”这个词从何而来

“武术”作为一个名词，目前史料中最早见于南朝人颜延之的《皇太子释奠会作诗》，其曰：“偃闭武术，阐扬文令。”但文中的“武术”乃指军事而言。作为属于体育文化范畴并包含多种价值功能的技艺名称“武术”一词，大约起于清末民初。1908年《东方杂志》引载了同年7月《神州日报》的一篇文章，文章名曰“论今日国民宜崇旧有之武术”。文中作者鉴于当时国势荏弱，因而呼吁“窃谓今也，欲求强国，非速研究此术不可”。

在相当长的历史时期内，被后人称为“武术”的运动方式，史料中或记作“技击”，或通称为“武艺”，在其演变过程中又称作“技勇”“拳勇”“角抵”“相扑”“角力”“手搏”“击剑”“刺枪”“打拳”“使棒”“把势”等。民国时期，普遍采用“国术”“武术”两词。中华人民共和国成立以后，“武术”成为一个专用词。

第一节　武术与武术文化

一、武术的概念

武术的千年发展中受当时历史背景和社会、经济发展水平的影响，其内涵也不断改变，但技击性的特质始终不变。近代，人们对武术具有的民族文化特质的认识逐步深化，并顺应和推进了武术的体育化，武术的概念到20世纪80年代逐步形成。

1988年中国武术研究院曾将武术确定为：武术是以技击动作为主要内容，以套路和格斗为运动形式，注重内外兼修的中国传统体育项目。2009年7月，国家体育总局武术运动管理中心在少林武术的发源地河南登封召开武术定义和武术礼仪研讨会，就武术定义的研讨得出了初步答案。其具体表述为：武术是以中华文化为理论基础，以技击方法为基本内容，以套路、格斗、功法为主要运动形式的传统体育。

武术专指中华民族的与技击相关的运动，这已成为国际共识。我们用“武技”泛指世界各国的技击术，武术是世界武技中的一种。

二、武术的内涵

1. 技击性

技击是武术稳定和持久的基本性质，是武术的本质属性。技击的初始形态是格斗技能，冷兵器时代武术也一直是一种实用的格斗技能。武术发展都是以技击为中心，主要通过军事活动表现出来。在其发展中受中华传统文化的熏陶，也受火器时代到来的影响，呈现出多种表现形式。例如实用性技击（军事武术）、再现性技击（拳械套路）、表现性技击（散打对抗）、演艺性技击（舞台影视），它们都是围绕技击进行的拓展，其核心仍然是技击。

2. 文化性

武术作为一种民族文化形态，有着强大的文化包容量和文化承载力。武术在中华传统文化熏陶和影响下，内外都充盈着中华传统文化的精髓，是其魅力和生命力的源头，也是中国武术和其他国家民族武技的关键区别。

3. 体育性

近代以来，武术技击功能的消退和转向，使武术与西方体育逐渐融合。当武术以“西洋兵操”的模式进入学校，就意味着传统武术正摆脱封闭，进入体育化、规范化的新天地。体育化的武术包括套路、格斗、功法等运动形式，保持着其传统特色，又融入现代竞技，这促使中国武术转换形态，以新面貌走近大众、走进社会。

三、武术的分类

武术按照不同的分类标准，拥有多种分类方式。常见的几种分类方式如下所述。

按文化渊源，可分为传统武术和现代武术。

按历史发展，可分为古代武术、近代武术和当代武术。

按功能，可分为实用武术、体育武术和演艺武术。

按习练群体，可分为军事武术、民间武术、竞技武术和学校武术。

四、传统武术和现代武术

1. 传统武术

传统武术是指中国近代以前，有较长的发展历史，有一定的地域特征和特定的习练人群，带有民族文化属性和技击属性的各种拳种的总和。由此概念可以看出，传统武术有三个基本特征：较长的历史、较强的地域约束、比较固定的习练人群。其核心特征是文化属性和技击属性并存。在这些特征的制约和影响下，传统武术衍生出一些独特的面貌。

（1）原貌性　传统武术需保持原貌性，即原汁原味的特征，遥远的历史起源不好追溯，但至少要体现明末清初的风格或清末民初的风格，之后创造、改编的武术不能视为传统武术的范畴。

（2）传承性　传统武术有其独特的师徒传承方法，以保证其特征鲜明、传承有序。拳谱是最有代表性的历史性记录文件，从历史文献来看，一般会载明拳种师承、职业武师、主要事迹等。传承脉络不清晰或有较大争议的武术派别，均不适于代表传统武术。图6-1为传统武术罗汉拳。

图6-1　传统武术罗汉拳

（3）代表性　传统武术拳种流派众多，但具有代表性的几大拳种，如太极、八卦、形意、八极、通臂、劈挂等，都有明确的历史记载，这些已经是共识。代表性不仅表现在其技术、拳理上，还表现在历史上有重大影响的代表性人物上，如八极拳的代表人物李书文、霍殿阁、刘云樵、李建吾等。

（4）非遗性　传统武术是中国非物质文化遗产，很多拳种已经列入非物质文化遗产名录中，按照非物质文化遗产的相应标准，至少应该具备非物质文化遗产的基本特征。所以，作为一种特殊的文化符号，传统武术是很有代表性的。

2. 现代武术

现代武术是传统武术的当代诠释，是中华民族在接受西方文化洗礼后的产物。其概念定义为：现代武术是指清末民初开始逐渐发展起来并延续至今，以

传统武术为基础，遵循西方体育理念而形成的具有满足当代社会需求的大众武术、学校武术和竞技武术。

在近代文化思潮的影响下，现代武术开始沿着体育化的方向演化。民国时期，各个地区的爱国人士自发成立体育会、国术馆，为社会培养了许多武术专业人才。

中华人民共和国成立后，武术被视作优秀民族遗产加以继承、整理和提高，成立了各级武术协会，国家设有专门机构负责开展武术运动，将武术列为正式比赛项目。改革开放后，武术更是迅速发展，不仅进入各级学校体育课程，而且大批武术爱好者及从业人员挖掘、整理出了许多珍贵的武术遗产。武术正沿着科学化、规范化和社会化的方向健康发展。

现代武术包括体育武术、实用武术、演艺武术。体育武术分为竞技武术（含套路、格斗、功法）、健身武术、教育武术。实用武术是军队、警察用于擒拿格斗的武术。演艺武术是舞台、影视中艺术化的武术。

传统武术是现代武术的源头活水，现代武术则是传统武术的发展和弘扬，现代武术的运动传播模式使武术从神秘中解放出来，走进大众文化和现代文化。

五、什么是武术文化

中华传统武术很独特，在它的发展过程中，与传统文化中的哲学、军事、中医、文学、艺术等种类进行了深度融合。这个现象在世界其他武技中十分稀少。所以，中华传统武术已不仅是一个体育项目，而是一种文化，武术文化。

武术文化是指武术在发展过程中，与多学科的结合所构成的综合体。它蕴含了传统武术的悠久历史、庞大体系、神奇功能、纷繁拳种流派，显示出中华传统武术强大的文化张力。

认识武术文化，可以帮助我们深入了解武术的本质、形式和功能，揭示武术在中华文化中的重要地位和影响力。研究武术文化不仅局限于武术本身，还包括它与哲学、医学、军事、文学、艺术等多方面的交融与影响。通过深入学习了解武术文化，我们可以更好地传承和发展传统武术，使其成为展示中华传统文化的重要窗口。

武术文化包括三个层次：

精神文化层：这一层次主要是由武德、拳理等构成的，体现了武术的精神内涵和价值观念。

物质文化层：这一层次主要包括拳种、器械、功法、门派等实体性的东西。它们是武术文化的具体承载者，是武术技艺和风格的外在表现形式。例如，少林拳、太极拳、八卦掌等各具特色的拳种，以及刀、剑等武器的使用技艺。

制度文化层：这一层次主要包括规矩、结社、家传、门派等社会组织和行为规范。它们为武术的传承和发展提供了制度保障，是武术文化传承的重要基础。例如，师徒间的传承关系、武术比赛的规则和标准等。

每个层次都有其独特的功能和意义，共同构成了完整的武术文化体系。精神文化层是武术文化的灵魂，物质文化层是其外在表现，制度文化层则保证了武术文化的有序传承。三者相互依存，相互影响，共同构成了武术文化的丰富性和多样性。

第二节　武术的起源与发展

一、武术的起源

1. 原始生存竞争中的武术萌芽

在漫长的原始社会，伴随人类文明的出现，武术亦开始萌生。人类在生存竞争中与兽斗，而在这种严酷的斗争中武术技击开始萌芽。技击的内容主要有二：一是徒手，拳脚肢体的运用；二是使用器械。

2. 原始战争促使武术萌生

武术开始萌生的另一个重要原因是人们的战斗意识、竞争意识的出现。至原始社会末期，氏族之间出现了战争，形成原始部族之间有组织的战斗，加速了原始武术的形成。到了黄帝和炎帝时期（约前3000～约前2100年），战火

仍频，对抗蚩尤，这时候战斗中除了格斗还加入了骑马射箭。图6-2为旧石器时代岩画中的氏族战争。

图6-2 旧石器时代岩画中的氏族战争

3. 原始宗教、教育、娱乐与武术的发端

为适应原始战争的需要，原始人要做战斗的演习操练，以熟悉战斗的击刺动作和应有的群体组合，于是原始人中萌生了武舞，或叫战舞。原始武舞与原始武术实为一体，舞者手执各种武器，做种种击刺动作的演练。

在人类原始文化形态中，原始宗教、教育、娱乐等活动常常是交织在一起的。这些多位一体的原始文化均与武术的发源有紧密联系。原始宗教的主要形式巫术祭祀与图腾崇拜，都常凭借原始的武舞来表现。武舞可以视作武术的最初形态，自此武术在原始社会的环境中开始萌发。

二、武术的演变

1. 雏形（先秦时期）

夏（约前2070～约前1600年）、商（约前1600～约前1046年）、西周（约前1046～约前771年）三代的主要活动区域为北方的平原开阔地带。青铜金属工具的大量使用，带来了生产力的大发展，中国的古文明史由此发端。搏击技能被军队使用，使军事武术得到长期稳定的发展。

春秋战国时期，各诸侯国都重视格斗技术在战场中的运用。齐桓公曾举行春秋两季的角试来选拔天下英雄。这一时期，新兴的地主阶级同奴隶制贵族进行了反复较量，终于登上了政治舞台，并且实行了不同程度的社会改革。在这个过程中，习武活动也被纳入了为新兴地主阶级服务的轨道，剑的制造及剑道都得到了空前的发展，战争形式演变为车、步并用，到了战国时期又变为以步骑为主。新的作战方式对士兵的作战技能提出了更高的要求，如魏国的“武卒”，要经过严格的考核、挑选及训练，凡选中者，都给予一定的物质奖赏，并免其税徭。而齐国讲求武备，以至很快在国内出现了“隆技击”的局面。

春秋战国时期是中国历史上一个诸子蜂起、百家争鸣的文化繁盛期，在这样的社会文化背景中，人们很自然会从习武实践中总结各类武技经验，进而形成理论。按其特点，当时的武术理论基本可以分为两大类：一类是对技击方法的描述，如《庄子·人间世》中说道“且以巧斗力者，始乎阳，常卒乎阴，泰至则多奇巧”。另一类是对武技之道的深刻论述，如《庄子·说剑》篇中记用剑之道当是“示之以虚，开之以利，后之以发，先之以至”。这一理论对后来产生了极为深远的影响。另外，《吴越春秋》中那段越女关于“手战之道”的著名论述，更是中国古代武术理论中的经典之言。

2. 发展（秦汉时期）

秦代（前221～前207年），秦始皇统一诸国后，采取了一系列措施来维护国家统一和专制皇权，其重大措施之一便是收缴天下的兵器（禁武）。秦始皇命令将散落在民间的兵器收集起来，全部销毁，浇铸成12个每个重30余吨的巨大铜人，并禁止民间习武，但军中武术得到了蓬勃发展。与军事结合十分紧密的一些武艺，如手搏、角力，兴盛一时。后角力传入民间，发展成一种娱乐活动，叫作“角抵戏”，这就是史书上说的“讲武之礼，罢为角抵”。

汉代（前206～220年），由于北方匈奴势力不断壮大，对汉代边境和重要城市不断袭扰，汉文帝时期实行了“兵农合一”“劳武结合”的政策，鼓励边民习武，把边民训练为“亦兵亦民”“兵民合一”的常备武装力量。汉代的尚武之风促进了武术的发展。图6-3为演武画像砖。

图6-3　演武画像砖

秦汉时期，盛行角力、击剑，有宴乐兴舞的习俗，鸿门宴中即有项庄舞剑，其形式更接近于今天的武术套路。汉代枪的应用达到了巅峰，各种枪法开始出现。据传华佗首创的“五禽戏”也是中国武术象形拳的滥觞（làn shāng）。

3. 融合（三国、两晋、南北朝时期）

三国时期（220 ～ 280年），频繁的战争推动了武术的发展。吕布、关羽、张飞等的传说，表明当时的武术已经达到了一定的高度。此时武术称为“武艺”，特指以攻守动作为主要内容，以手搏和器械搏斗为主的技击术。刀已经成为军队中最主要的短兵器。随着剑向民间的流传，使得剑术在非军事用途上更为发达，并且刀剑之术及角抵活动开始东传日本。三国时期角抵又出新花样，有了女子角抵，并正式用“相扑”之名（图6-4）。

图6-4　角抵

两晋（266～420年）和南北朝（420～589年）是我国历史上一个动荡、分裂的时期，在此期间发生了“八王之乱”“永嘉之乱”“五胡乱华”“侯景之乱”。战争的需要，使武术有较大的演进。两晋兵制继承汉魏，仍以“世兵制”为主。所谓世兵制，即士兵全家变为军籍，以兵为业，世代为兵，这种制度使军事技能包括武艺成为家传，对促进武艺的提高起到一定的作用。另外，世家大族和地方豪强为了自卫或扩大势力，发展地方武装，建立“坞壁”，农民成为依附豪强的“部曲”，日常习武练兵，使武艺在民间推广。从选兵标准看，既要会拳术的捕虏擒拿技术，也要会使用戈、铤、剑、戟等长短兵器的技术；既要能攀登跳跃，也要能长途负重行军，这在武术技巧和速度、耐力、力量诸方面，均有严格要求。图6-5为古代冷兵器——软鞭。

图6-5　软鞭

南北朝战争完全打破了统一的政治和文化体系。随着北部游牧民族向南迁移并控制了中原，草原游牧民族的胡文化与中原农业的汉文化发生了接触和碰撞，给各民族武术提供了发展的舞台，促进了初具形态的武术和各民族武术的融合。

道教是我国土生土长的宗教，有着深厚的文化渊源。因此道教与武术拳法有着密切的文化联系。在思想上，中国武术的阴阳五行及“以静制动”“以柔克刚”等思想，均与道教来自同一渊源。武术的技术、原理亦与道教太极、八

卦、五行等理论一致。武术还汲取了道家养生的方法，创建了武术的内功修炼体系。

两晋、南北朝的统治者十分推崇佛教，大兴土木修砌寺庙，南北朝寺庙达数千所，僧尼十万。少林寺僧侣开始习武，早期，主要目的是保护寺院，此外也可以勤练手足、康健身心，使打坐时肢体适应修行方式。

4. 成熟（隋唐、五代、宋时期）

在隋（581 ～ 618年）、唐（618 ～ 907年）、五代（907 ～ 960年），“治乱相替”与“重兵兴武”的政治特征，促进了这一时期尚武任侠之风的兴起。唐代开创并推行了武举制。这种选材制度的出现，使武术在形式上出现了与文科并举的局面，开创了以武入仕的先河，凸显了习武人的社会地位，并且在一定程度上肯定和鼓励了平民习武的行为，对隋、唐、五代民间武术的发展和普及，起到了积极的推进作用。

隋、唐、五代武术器械的形制十分优美，很多器械的外形设计具有艺术价值。例如，隋朝武器常使用优质的金属材料，刀剑的刃口经过多次淬火凸显锋利，色彩更是十分鲜艳，常用红、黄、绿等颜色进行点缀，既美观又具有辨识度。唐代的器械形制流畅，线条优美，刀刃、剑锋锐利，是工艺美术和雕刻艺术的杰出代表。

唐代武术的发展不仅强调实用性，也注重艺术性。在唐代，武术已经成为一种文化现象，被广泛应用于宫廷文化、民间娱乐等领域。因此，唐代的武术家们不仅注重技艺的实际效果，也注重技艺的表演性和艺术性。武术表演已经成为一种独特的文化形式，为唐代文化注入了新的元素。

宋代（960 ～ 1279年）是中国武术发展的一个里程碑。因为宋代的军事训练实行规范化、系统化。军事训练采用统一的“教法格”，并制定统一的考核标准。宋代与夏、辽、金少数民族政权长期对峙，战乱不已，武备提到了重要日程。元丰二年九月，朝廷颁布了图文并茂的武术教材《教法格并图象》。该教材对步射执弓、发矢、运手举足、移步，以及马射、马使蕃枪、马上野战格斗等技术都以图像的形式呈现，这样对于文化水平不高的习武者来说也能看懂，并加以练习。宋朝对军队武艺考核也有明确和详尽的规定。武举制度在宋代得到很大的发展。宋武举考试程序较唐为多，除解、省、殿三试之外，还有比试。比试是解试之前的资格试，又称为“引试”。

宋代在军事武艺发展的同时，民间武艺蓬勃兴起，民间结社十分普遍。民间出现了“瓦舍”“勾栏”等（图6-6）。瓦舍又称“瓦子”，是宋代城市发展中出现的群众性游艺场所。据吴自牧《梦粱录·瓦舍》说：“瓦舍者，谓其来时瓦合，去时瓦解之义，易聚易散也。”瓦舍中，用装饰有花纹图案的栏木或绳网拦成一个个的圈子叫“勾栏”或“游棚”，各种技艺表演便在这里进行。瓦舍的出现，为大批职业艺人提供了相对固定的表演场地。商业化的习武卖艺，促进了武艺的专门化、职业化。

图6-6　瓦舍、勾栏武艺表演

彩图：瓦舍、勾栏武艺表演

宋代，尤其是南宋时期，商品经济的活跃，促进了城市规模的扩大，形成了庞大的市民阶层。这批市民阶层除了物质生活外，对文化生活的需求也在不断扩大和提高，因而形成了一些以健身娱乐为主要目的的习武团体。例如在南宋都城临安（今浙江杭州）出现了徒手争交的“角抵社”“相扑社”，射弩的“锦标社”，使棒的“英略社”等。

5. 变化（辽、金、元时期）

公元938年契丹族建立了辽朝，1038年党项族建立了西夏政权，1115年女真族建立了金朝，1271年蒙古族建立了元朝。

元代（1206～1368年）为了防止各族人民的反抗，从元世祖忽必烈统治时起就再三禁止“民间私藏武器”，并屡次下令收缴民间武器。表面上民间练武被统治者彻底阻绝，而实际上民间仍以家传方式暗中传授武艺。尽管元代武术受到百般压制、摧残，但在兴起的戏剧中，武术套路技术仍有所保留。武戏与武艺并不相同，但二者却有着密切的渊源关系。民间被禁止的武艺，巧妙而合法地保留在舞台上，并使练功程式化，如腿功的搬、压、撕、耗及腰功中的甩、耗等仍得以流传。由于戏曲需要武艺，不少武艺器械和其他道具、设备被合法地列为戏场内设备的行头的一部分。据考证“十八般武艺”这个名称，就始见于元代的戏剧（图6-7）。武艺搬上舞台，使武术套路走向艺术化，套路技术中手到、眼到、手眼相随，以及身法上的俯、仰、折、叠等夸大渲染的演练技巧也多了。

图6-7　十八般武艺

6. 繁荣（明清时期）

明代（1368～1644年）是中国武术发展的一个重要时期。中国武术体系开始形成。

明代已形成了诸多风格迥异的武术流派。特别是明代有不少武术专著，对促进流派形成、各流派互相借鉴吸收起了一定作用。流派的特征必须通过劲力、技法、身法等几个方面表现出来。明末出现的“内家”与“外家”的说法，实际上起了流派分类的作用。

在明代，无论套路技术还是对抗性攻防格斗技术，都趋于成形和完善，并明显形成了体系。例如，戚继光所著《拳经捷要篇》三十二式是综合众多名家名拳之精华而创编的，被视为中国传统武术之经典。还有程冲斗创编的刀术、棍术套路，这些套路的共同特点是有攻防技术、战术理论及具体的运动方法，动作趟（段）清楚，有动作的招式方法，有动作与动作衔接的位移路线图。明代除了套路这个运动形式外，对抗性的比武，如手搏、摔跤及器械等，也被重视。

少林寺自北魏太和十九年（495年）建寺后，陆续有慧光、稠禅师、圆净等僧人习武。十三僧助唐擒获王仁则后，少林寺开始以武显名，但少林武术的真正显扬和宏大则是明代的事情。明代，少林寺僧以习武著名，少林武术最著名的是棍。少林棍当时有小夜叉六路、大夜叉六路，而且均有棍谱、棍图及破法谱。到明代后期，少林寺僧才转而“多攻拳而不攻棍”。

清代（1616～1911年）对于控制民间武装力量采取了更为严厉的政策，在削兵的基础上又添加了禁武。清代前期、中期、后期都有皇帝亲自颁布的明文禁武令。由于民间被禁止持有兵器，劳动者利用身体来模仿各种器械，以满足其技击愿望，促进了拳术的发展。同时民间秘密结社成为明清武术传承的重要场所，而武术的功能则朝着美学、养生等方向发展。这种自由的发展造成拳种的大量涌现，既是明清武术文化的特点，同时又限制了武术的多样化发展。由于没有统一的管理，使得有些名不副实的伪拳种也随之出现。

明清时期，习武之风在民间已经形成各大门派，此时期还使跟武术直接相关的行业进一步独立、成熟。它们包括以武术为基础的营生手段：为商人的人身及财产等提供安全保障的镖局（图6-8），以市井耍拳卖艺为谋生手段的演武，以教授武术为谋生手段的武师行业。这些专门从事武术行业的人，成为明清武术文化的创造主体。

图6-8　清代镖局

7. 嬗变（民国时期）

辛亥革命后，当时各界人士倡导“强国强种”。中国传统武术引起了人们的重视，一些有识之士积极倡导和组织以研究武术和开展武术活动为宗旨的社团，不少城市相继建立了武术组织。

在民国时期众多的武术组织中，影响较大的是精武体育会。其前身是1909年武术名家霍元甲创立的精武体操学校，1910年改为精武体育会（图6-9）。它以提倡武术、研究体育、铸造强毅之国民为宗旨，广罗全国武术名家，培养技击人才，融合众家之长，消除门户之见，运用多种形式传播推广武术。精武体育会成立后发展很快，先后在绍兴、汉口、广州、佛山、汕头、厦门、南昌、南宁、天津等地建立精武体育会分会。1920年前后，又发展到东南亚各地，如新加坡、吉隆坡、雅加达、三宝垄、泗水、西贡、马六甲等华侨聚居地均设有分会。据不完全统计，到1929年，精武体育会已有分会42个，会员总计逾40万人。

图6-9　精武体育会成立纪念会

民国时期，随着武术活动的开展，民间武术社团日益增多，除精武体育会外，上海还有中华武术会、中华国技研究会、致柔拳社、武当太极拳社、汇川太极拳社、尚德武术研究社、鉴泉太极拳社、上海聚胜体育会、忠义国术社、上海民生国术研究社等30多个武术会社。当时北京先后成立了北京体育研究社、中华尚武学社、北京武术体育会、中华国技武术研究社、国强武术研究社、四民武术研究社、正义武术研究社、北京健民国术传习社等20多个民间武术社团。其他地方也有一些武术组织，如天津中华武术会、四川武术会、重庆冀蜀国术馆、青岛中华武术会、山东武术传习所、黄县国术研究会、安徽拳术研究会等。这些民间武术社团，已不同于旧式武棚、秘密结社等，而是按近代体育的组织形式组建机构，面向社会公开招收会员。这些以研究、传授武术技艺为主的新兴社团的建立，推动了武术社会化的进程，使武术由自发性质、适合个体，而逐渐成为一种适合群体的大规模社会化文化形态。

作为官办性质的武术组织，1927年，蔡元培等人以增强国人体质、弘扬中华武术为宗旨，建立了中央国术馆（图6-10），张之江任馆长。中央国术馆成立之后，各省市国术馆纷纷成立。到1933年年底，已有北京、上海、江苏、四川、浙江、河南、山东、甘肃等24个省、市建立了国术馆。各省的县级国术馆达300余所，许多区、村也设立了国术社，从而形成一个自上而下的国术

图6-10　中央国术馆

馆系统，对武术的传播发展、提高起到了较好的作用。

1911年辛亥革命后，近代教育逐步发展，除了武馆传授武术技艺外，学校也纷纷开设了武术课。1928年，张之江提出了《请令全国学校定国术为体育主课案》，要求将武术设为学校的正式课，1931年张之江又两次提出类似的提案。经过一些国术提倡者的不懈努力，终于将国术变成了学校体育课的重心。1918年全国中学校长会议决议将“中华新武术”列为全国各中等学校正式体操，教育部即通令各校实行。“中华新武术”系由马良等人于1911年发起创编，并于1914年修订，分摔跤、拳脚、棍术、剑术四科。1928年和1933年，南京中央国术馆共举办了两届“国术国考”。国术国考虽有种种不足，但它制定和实践了武术拳械单练与对搏的比赛规则，在一定程度上促进了武术竞技的发展。

二十世纪二三十年代，由于西方体育的强烈冲击，急剧改变着中国传统体育的历史面貌和思想观念。人们对武术的认识不断深化，开始用科学的方法研究我国传统的武术，一些有价值的武术论著先后出现，武术研究工作逐步开展。《太极拳与内家拳》《少林武当考》《内家拳》《中国武艺图籍考》等论著，材料翔实，推理细密，结论公允，为武坛扬弃附会玄虚的种种传说提供了可靠的史料依据。

8. 新生（中华人民共和国成立至今）

1949年10月1日，中华人民共和国宣告成立。与此同时，中国的武术事业也获得新生。尽管在前进的道路上仍遇到许多困难，但武术事业始终沿着新中国体育的发展道路以及武术自身的发展规律，在不断地探索、改革、开拓中前进。走向世界的征途中，武术也创造了举世瞩目的辉煌成绩。

1952年国家体育运动委员会（以下简称“国家体委”）成立后，武术被列为推广项目。为了推动武术及其他民族形式体育的发展，1953年11月8～12日在天津举行了全国民族形式体育表演及竞赛大会。武术是这次大会的主要内容，有145名运动员进行了332个项目的表演。仅拳术就有少林拳、罗汉拳、八极拳、猴拳、绵拳、查拳、八卦掌、太极拳、通臂拳、螳螂拳等139项。此外，还有器械、对练、散手、短兵等，充分展示了传统武术的丰富多彩。

1957年国家体委把武术列为国家竞赛项目，并在这一年举行全国武术评奖观摩大会。1958年中国武术协会成立后，邀请一些实践经验丰富又具有相当理论水平的武术工作者，经过反复讨论研究，起草了中国第一部《武术竞赛规则》，1959年由国家体委批准公布施行。这个规则是以长拳（规定拳、自选拳）、短器械（刀、剑规定与自选）和长器械（枪、棍规定与自选）为竞赛内容制定的，对长拳类套路的发展起到了积极的推动作用。按照这个规则，随后举办了全国青少年武术运动会和第一届全国运动会武术项目的比赛。

20世纪50年代，武术作为学校体育教学的内容已列入中小学体育教学大纲。1961年教育部组织修订的《中小学体育教学大纲》中规定，武术在小学体育课中每学期为6学时，中学为8学时，教学内容包括武术基本功、武术操、初级长拳、青年拳（单练和对练）等。体育院校自20世纪50年代中期就开始把武术列为正式课程。

这一时期，武术研究整理工作也有进展，国家体委有关部门组织老年和中年武术工作者研究并整理出版了简化太极拳、长拳，以及刀、枪、剑、棍等武术项目的专业书籍，人民体育出版社等也出版了不同流派的多种武术著作，如各式太极拳以及《青年拳》《绵拳》《华拳》《查拳》《拳术二十法》《武术运动基本训练》《八卦拳》《太极刀》《太极剑》等。

十年“文化大革命”结束以后，我国体育事业经过拨乱反正，得到迅速恢复，武术事业也开始出现新的局面。1977年、1978年先后在内蒙古、湖南湘潭举行了全国武术比赛，以套路为主的竞赛项目技术水平有了较大的提高。

中国共产党十一届三中全会确立了把工作重点转移到社会主义建设上来的伟大战略决策，给武术事业带来新的生机，我国传统武术进入了一个蓬勃发展的新阶段。体育院校自1978年起，除了招收武术本科生外，恢复招收武术研究生。1985年开始授予武术研究生教育学硕士学位，使武术教育步入现代科

学文化领域，成为培养高层次专门人才的学科。

伴随着武术事业的蓬勃发展，武术学术研究也活跃起来。一些武术学术组织相继建立。1987年成立了中国体育科学学会武术学会，为组织、推动武术科研及交流创造了有利条件。

按照国家体委“要积极稳步地把武术推向世界”的方针，中国武术正在逐步走向世界。经过几年的努力，1990年10月国际武术联合会在北京正式成立，当时有会员38个，迄至1995年已发展到70个。在国际武术联合会筹备委员会的影响和推动下，各洲的武术组织纷纷成立。1985年11月在意大利成立了欧洲武术协会，1987年9月在日本横滨成立了亚洲武术联合会，1986年11月5日南美武术功夫联合会在阿根廷成立，1989年由扎伊尔共和国（现刚果民主共和国）牵头成立了非洲武术功夫联合会。这些洲际武术组织的成立标志着武术在世界范围内的发展，开始走上合作的道路，为国际武术运动进一步发展打下了良好基础。

这一时期，国际武术比赛十分活跃。在亚洲，已举办了三届亚洲武术锦标赛。在1990年举世瞩目的第11届北京亚运会上，武术被列为正式比赛项目，1993年上海举办的首届东亚运动会也把武术列为正式比赛项目。在欧洲，自欧洲武术协会成立以来，已举办了四届欧洲武术锦标赛。中国先后举办三届国际武术邀请赛。1994年10月，国际武术联合会被世界单项体育联合会正式接纳入会，从而更进一步确立了武术比赛的国际体育地位。

自从1936年，由郑怀贤（原中国武术协会主席）等人组成的“国术表演队”第一次通过夏季奥林匹克运动会向世界展示了独具魅力的中华传统武术，从此“武术申奥”踏上了漫漫长征路。2016年11月18日，首届世界杯武术套路比赛拉开了全民、全行业、全生态助力“武术入奥”的序幕。2019年9月，国务院颁布了《体育强国建设纲要》，多部门印发了《武术产业发展规划（2019—2025年）》，明确支持武术国际化，支持推动武术项目早日进入夏季奥林匹克运动会。2020年1月8日，取得了历史性突破，武术成为夏季奥林匹克运动会正式比赛项目。

思考与实践

1. 思考

（1）你认为武术概念中对武术基本性质的三个分析准确、全面吗？

（2）传统武术在演进中历经艰难，为什么还能不断发展？

2. 实践

观看电影《少林寺》，了解少林寺武术的发源和特点，写出观后感。

课件：武术的境界与文化内涵

第七章 武术的境界与文化内涵

学习目标

知识目标

1. 了解武术的境界的内涵。
2. 了解武术的文化和精神。
3. 了解武术素养的含义。

能力目标

1. 体会中国武术优良道德，养成中国武术优秀素养。
2. 感知武术勤勉的精神，养成锲而不舍的学习作风。

素养目标

1. 懂得“宝剑锋从磨砺出，梅花香自苦寒来”的深刻意义。
2. 懂得“习武先习德”的深刻意义。

文化探究

神秘而又引人注目的侠客

侠客在人们的心目中是信守诺言、重义如命、仗义救危、匡扶正义的人。在他们风流倜傥背后，也有着跌宕起伏的命运。中国历史上的侠客由早期的游侠和后期的武侠（含任侠）构成，近现代还出现了虚幻的仙侠。

侠客其实是社会动乱状态之下的产物。春秋战国时期，中原四分五裂，原本的周礼制度崩塌，社会甚至可以说是陷入了一种“无政府”的状态之下，在这样的情况之下，“游侠”便诞生了。游侠作为一类特殊的社会人群，司马迁在其著作《史记》中说道：“今游侠，其行虽不轨于正义，然其言必信，其行必果，已诺必诚，不爱其躯，赴士之厄困，既已存亡死生矣，而不矜其能，羞伐其德，盖亦有足多者焉。”荀悦曰：“立气齐，作威福，结私交，以立强于世者，谓之游侠。”由此可见，所谓游侠者，就是重视诺言，看重情义甚于自己的性命，在社会上有广泛影响力的人。

《史记》中《游侠列传》和《刺客列传》主要介绍汉代著名侠士，充分肯定了布衣之侠、乡曲之侠、闾巷之侠。文中出现的侠士有季札、孟尝君、春申君、平原君、信陵君，布衣侠客有朱家、田仲、王公、剧孟、郭解，刺客有曹沫、专诸、豫让、聂政、荆轲。

游侠起于春秋，盛于战国，两汉以后由盛转衰。游侠衰，武侠起。

武侠从其诞生的第一天起，就一直属于平民阶层，武侠伦理实际上就是民间社会用以规范人际关系的道德标准，是一种“情义伦理”。武侠的特点一是善良而且富有同情心，维护正义，为民除害，惩恶扬善；二是机智勇敢，身怀绝技，神龙见首不见尾，总是在危难时刻显身手，其行侠的目的是普通民众的利益。

儒家学说倡导的“仁、义、礼、智、信”被武侠接受并发扬，成为武侠的行为准则，产生了一种文武兼备的“儒侠”。行侠仗义依然靠使用武力，但儒侠的诞生对行侠仗义之人的道德情操提出了高出常人的要求。在之后的历史中，武德成为习武行侠之人最基本的道德品质，宋代的陆游、文天祥、辛弃疾皆是儒侠的代表人物。

唐代是中国历史上文武兼盛的朝代，东西方文化的冲击和融合造就了武侠的浪漫主义色彩。“十步杀一人，千里不留行。事了拂衣去，深藏身与名。”李白不仅是作诗数千首的“诗仙”，也是胸怀天下、剑术高超的侠客。

中国的武侠是独特的，从武侠文化的角度看，武侠的表现形式是功夫动作，其内核却是侠义精神。中国的武侠不是天生的，是通过“侠”自身的努力而达到的一种状态，其中不乏外在因素，比如友人的帮助、敌人的伤害。而且中国的侠客大多数不是依靠一个人完成自己的目标的。在这些武侠英雄身上，寄托着国人的武侠梦想。侠客对于中国人而言，就像欧洲的骑士、美国的超人。侠客不仅仅是一个个跃然纸上的人物，更是一种符号，一种挥之不去的英雄情结。它早已融入国人的血液当中，即使武侠不在，但侠义精神永存。

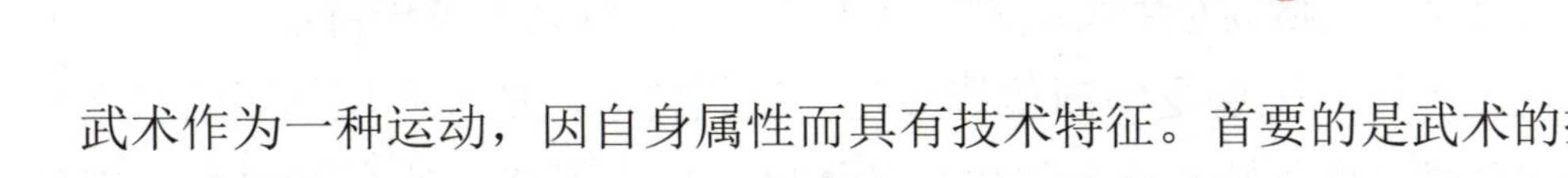

第一节　武术的文化特征

武术作为一种运动，因自身属性而具有技术特征。首要的是武术的技击性特征，其次是实践性、和谐性、刚柔变化、功力互补等特征，概括为武术的基本特征。

文化若水，无处不在。从文化角度去研究武术，武术的文化特征也十分鲜明。中国武术是中华传统文化熏陶出来的产物，它是中华传统文化的缩影。武术的理论和行为方式均受中华传统文化思想的影响和制约。武术从野蛮时代、蒙昧时代、文明时代一路走来，从一门单纯的搏杀技法发展成为文化底蕴深厚的运动形式，就是因为武术不断汲取中华文化的养分，不断进行着文化的体悟与实践，才最终能够独树一帜，成为一种典型的东方文化的代表、中华文明的精华凝结和举世瞩目的中华传统文化瑰宝。

一、伦理性特征：注重武德品格

武术的伦理性特征表现在很多方面，最重要的是武德和顽强的品格。武术深受中华伦理文化的影响，内化为武术对武德的推崇和坚守。习武先习德，武德已成为武术不可分割的部分。武德升华了武术，使武术从山野间的打斗方法演变为富含哲理的技击之术、止戈之术。

武术，源于华夏祖先与自然界的恶劣环境、野兽及同类进行的生存搏斗，从一开始就有不甘屈服的文化品格。虽然在当今时代，武术的技击地位已不是主导，但其本质属性仍是技击性，是顽强拼搏的象征。像霍元甲这样近代武术史上的传奇人物，他的伟大不仅在于他以自己精湛的中国武术打败了日本浪人，吓跑了西洋力士，更重要的是振奋了当时国民的精神。自强不息，奋发向上，是中华民族五千年历史的魂，也是中国武术之魂。

二、多样性特征：形式丰富多彩

多样性是中华传统武术的一个明显特征。中国武术门派林立、拳种繁多、形式多样，这种多元格局是中国武术区别于其他国家武技的突出特征之一。武术多样性形成的原因，主要是中国传统文化、家族传承、地理环境的影响。南宋后期，一些理学家将传统文化世俗化和具体化，文化下移，使在下层民众中传习的武术开始融入文化特色，武术门派林立也开始显现。家族传承的封闭性还造成拳种众多、风格各异。中国文化讲究程式，也促进了套路的形成，这也是中国传统哲学“道”的体现。同时，中国地域广阔，地形多样，也造就了不同风格的武术。

三、辩证性特征：善于对立转化

拳起于易。《周易》是我国文化的源头之一，含有丰富的辩证法思想。其中阴阳对立、阴阳互根、阴阳互转和阴消阳长等基本理论在中国武术的劲力动用、技击法则、演练风格及战术思想等方面都可以体现出来。

对劲力的刚与柔这一矛盾关系的处理，是区别不同武术拳种的劲力标志之一。例如，传统武术中“无柔以至刚，无刚以至柔”就体现了“阴极生阳，阳极转阴”的阴阳辩证观。而以刚劲勇猛著称的少林拳、南拳、八极拳等外家拳，也是“刚中寓柔”的。

武术技击中攻与防的辩证关系，提倡攻与防不是绝对的，而是相对的，攻中带守，守中有攻，攻能转化为防，防能转化为攻。刚柔、攻守的对立转化都蕴含了传统的阴阳辩证法思想。

四、内倾性特征：注重内外兼修

中国文化在农耕文化影响下，不喜欢向外扩张，反而向内倾，注重个人完善。这种内倾性文化模式导致中国武术讲究内修外练，追求内圣外王。

“内练精气神，外练筋骨皮”就是讲修身同时也要修性，既讲究形体规范，又讲究精神气质是中国武术的一大特色。例如，太极拳主张身形合修，注重

“以心行气，以气运身”；少林拳则强调精、力、气、骨、神的内外兼修。中国武术要求的是内修与外练相统一，这样才能达到形神共养，形体和精神的协调发展，进而实现强体健身的目的。这种形神统一的思想，恰恰体现了中国传统哲学的形神统一观。

五、时代性特征：因时而变

武术，无论是萌芽还是发展，都与我国的经济、政治和文化的发展息息相关。它的产生与几千年前的社会经济不发达有着直接的关系，它是在生产力发展水平相对低下的社会环境中孕育和发展起来的，并与频繁的军事战争有直接的关系。

武术的提高和完善，同样与社会的进步与发展有着密切的联系，它能够随着社会的变迁与发展，产生新的适应社会需要的新文化。从最早的一招一式到后来的武舞，从传统武术到现代武术的产生与发展，从功效的单一性到多重性，从单纯的民族传统体育到世界体育的组成部分，在其发展变迁过程中，一方面保持着武术文化的特征，一方面又能产生出与时代同步的武术文化。

武术是中华传统文化的结晶。它既是地域文化熏陶下五彩缤纷、多姿多彩的文化产物，也将中华传统文化的精髓，崇德尚义、自强不息、创新求实等文化特征的复合一身。它能全面地展现中国人追求“天人合一”，信守“正义诚信、兼收并蓄”的处世文化特点，表现出中国“礼仪之邦”的风范。

第二节　武术的素养

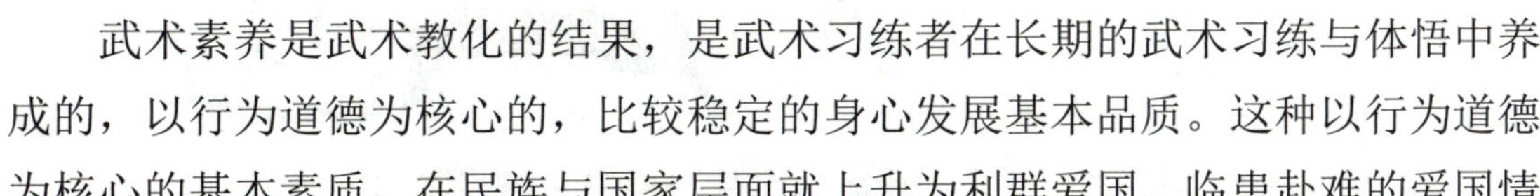

武术素养是武术教化的结果，是武术习练者在长期的武术习练与体悟中养成的，以行为道德为核心的，比较稳定的身心发展基本品质。这种以行为道德为核心的基本素质，在民族与国家层面就上升为利群爱国、临患赴难的爱国情

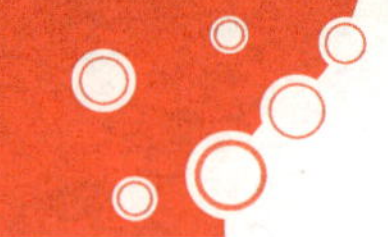

怀；在武术伦理层面就演变为尊德重礼、德礼并举的武德规范；在处理人与自然、人与人、人与社会的关系层面就形成了天人合一、贵和尚中的和谐理念；在个人修为层面就升华为强身健体、内心自审的完美人格。

一、利群爱国、临患赴难的爱国情怀

长期以来，以农为本的生产方式使中国人对土地产生了浓厚的感情，从而形成了以家族为主要形式的生活方式。在这种生活方式下，中国人以血缘关系调整着人与人之间的关系，规范着人们的日常行为，维系着家族的存在和延续，成为社会长期持续稳定发展的纽带。在中国人的心目中，国家是家的扩大和集合，由家庭到家族、村落、国家，家国一体。家是小国，国是大家。因此，治国、平天下就成为有志之士孜孜以求的人生目标。

中国武术教化十分注重刚健有为、自强不息、关心国家大事和报效祖国。“闻鸡起舞”的祖逖、“精忠报国”的岳飞、“精武英雄”霍元甲等武林志士演绎的利群爱国、临患赴难的英雄事迹流传至今，激励着一代又一代中华儿女。正因为中国武术教化赋予了习练者利群爱国、临患赴难的精神，所以当国家遭遇外族入侵或民族存亡的关键时刻，他们往往能够先于一般人挺身而出，维护民族尊严，救民生于倒悬，从而振奋民族精神，实现自己人生价值。正如近代著名教育家张伯苓所呼吁的“强国必先强种，强种必先强身”，这种寓武术教化之中的利群爱国、临患赴难的爱国精神激励着无数武术习练者为了民族的复兴、国家的富强而奋斗、拼搏。图7-1为清末周承忠集钩岳飞草书《还我河山》。

图7-1　清末周承忠集钩岳飞草书《还我河山》

二、尊德重礼、德礼并举的武德规范

中华民族能够长期稳定地和谐发展，礼的道德约束起了至关重要的作用。这种以尊德重礼、德礼并举为主要内容的中华文化，使得中国的治世之道更重人治，而人治又特别强调道德教化作用。所以在武术教化的背景下，武术始终把道德礼仪的培养作为首要任务，通过实践寓之以德礼。培养具有理想人格、文武兼备、身心俱德的人是武术教化的终极目的。

在武术传承与发展的关联性因素中，有武术本身技击水平高低的因素，也有习武人群多寡的因素，但武术习练者的道德因素也是至关重要的。一是武术习练者的道德事关武术的总体形象问题，二是武术习练者的道德事关武术的走向问题。形象问题和走向问题是一个武术门派能否发扬光大的关键所在。

因此，精心择徒、重德行考察成为古今所有门派都不约而同奉行的圭臬。这样督促练武者在修炼武功的同时，既遵守基本的伦理规范，笃行儒家伦常之理、中庸之道，提倡忠孝仁义、贤良方正的道德规范，又培养谦和忍让、立身正直、取义轻利、守信重诺的侠义精神。德中必有礼，礼作为德的外在体现在武术活动中也留有诸多痕迹，流传至今。

尊德重礼、德礼并举的武德规范在当今依然有重要的价值体现，也有鲜明的时代性。现代武德规范中要摒弃如耍英雄、逞好汉，以及带有三纲五常思想的“唯师命是从”等内容，要继承传统武德中合理的成分，树立新的武德观。

三、天人合一、贵和尚中的和谐理念

博大精深、意蕴深远的天人合一思想是中华传统文化的基本精神。其基本的含义，就是充分肯定自然界和精神的统一，关注人类行为与自然界的协调问题。从武术教化上看，天人合一思想不会只停留在器物层面和制度层面，而是始终以天人合一为思想主线，在追求人与自然和谐统一的实践中，积淀了源于

天人合一又和武术文化交融的精神，那就是天人合一的武术观。

天人合一思想是武术的主体价值所在。武术之道体现为技艺的最高境界，更表现为通过习武练拳而获得的一种超越性生命体验和人生价值，以及对自然宇宙的生化之理的体悟。也就是说，从事武术活动的最高追求不是搏杀，而在于修身养性、立身治世，与自然保持一种和谐或稳定状态，这体现了对人自身终极的人文关怀。

这种人文关怀虽然在一定程度上淡化了武术的技击性竞争和博弈意识，但对培养武术习练者尊重对手、关爱生命的可贵品质，对塑造武术习练者高贵的品格、博大的胸怀具有不可低估的价值。

贵和尚中的和谐理念是整个中华传统文化的基本价值原则。这个原则强调人与人、人与社会之间相互尊重、和平相处，规范着人们的衣、食、住、行等生活的方方面面以及为人处世的思维方式。由于贵和尚中和谐理念的深刻影响，以技击为主要功能的中国武术也具有了浓郁的和谐文化品格。如太极拳静心养性、动中求静的运动方式，绵缓斯文的运动风格，舍己从人、随曲就伸、粘连黏随的运动理念，“立身需中正不偏，方能八面支撑”的技击思想，不断培养着人的忍让、谦虚的为人处世态度，塑造着中国人所特有的中庸思想，体现着人与人之间和谐相处的观念，促进人与人之间的和谐发展。“不战而屈人之兵”才是武术的最高目标，也使武术教化脱离了生硬的说教，而变为春风化雨般的渐滋浸渍、潜移默化、习与性成的过程。

四、强身健体、内心自审的完美人格

中国武术目的不是积极地引向外在的显示，而是导向内心的自省。武术素养的形成过程就是体肤砥砺的过程，就是一个追求人全面发展的过程。对于真正的武者来说，体强不是强，心强才是真正的强者。强心的含义首先表现为锻炼意志，培养品德。练武对意志品质考验是多面的。中国武术正是通过身体发肤的不断砥砺与磨炼，对内心的不断审视和净化，对人生的不断感悟与矫正，来培养高尚的情操和完美人格，形成一种武术素养，从而达到教化的目的。

总之，武术对人的影响与改造并非德育所能涵盖。武以成人，武之教化，这里的“教”不是武术理论、技法的灌输，而是通过武术习练的手段达到对自然、社会和人生终极意义的体察与感悟，形成一种符合天道规律和人道本真的武术素养，这才是武术教化的真正归属。

第三节　武术的境界

武术的境界，众说纷纭，目前还没有达成共识。有人提出古代武术的五大修炼境界：强身健体—通脉明脉—易筋洗髓—脱胎换骨—天人合一。

形意拳总结出“见自己、见天地、见众生”三重境界。

中国武术协会为推广兵道项目，把兵道段位也称作武术境界，按照北斗九星命名。境界从高到低依次为：天枢境（九段）、天璇境（八段）、天玑境（七段）、天权境（六段）、玉衡境（五段）、开阳境（四段）、瑶光境（三段）、洞明境（二段）、隐元境（一段）。

武功境界早期重招式，中期重师承，后期重武道，最后无武而终。这是指武术的最高境界一是人武合一，做人如习武，习武即做人；二是讲求武出无招，却能以武（武德）折服人于百步之外，即以大胸怀包容一切，平和待人，宽容待人。

武术的境界究竟是怎么回事？

形意拳大师郭云深论形意拳时说：形意拳术有三层道理，有三步功夫，有三种练法。

一、三层道理

（1）练精化气；

（2）练气化神；

（3）练神还虚（练之以变化人之气质，复其本然之真也）。

二、三步功夫

（1）易骨：练之以筑其基，以壮其体，骨体坚如铁石；而形式气质，威严状似泰山。

（2）易筋：练之以腾其膜，以长其筋（俗云：筋长力大），其劲纵横联络，生长而无穷也。

（3）洗髓：练之以清虚其内，以轻松其体，内中清虚之象：神气运用，圆活无滞身体动转，其轻如羽（拳经云：三回九转是一式，即此意义也）。

三、三种练法

（1）明劲：练之总以规矩不可易，身体动转要和顺而不可乖戾，手足起落要整齐而不可散乱。拳经云："方者以正其中"，即此意也。

（2）暗劲：练之神气要舒展而不可拘，运用要圆通活泼而不可滞。拳经云："圆者以应其外"，即此意也。

（3）化劲：练之周身四肢动转，起落、进退皆不可着力，专以神意运用之。虽是神意运用，惟形式规矩仍如前二种不可改移。虽然周身动转不着力，亦不能全不着力，总在神意之贯通耳。

这些经过提炼的形意拳的进阶过程，颇有境界意味。武学界有人认为，这是形意拳对武术境界说的一大贡献，称之为武学的三大境界，即炼精化气、炼气化神、炼神还虚。

根据中国武学的一般规律，可以把练武过程分作三个阶段，也可称作三种境界，即炼精化气（明劲）、炼气化神（暗劲）、炼神还虚（化劲）。炼精化气是初级阶段，重在训练基础功夫，消去拙力，练出刚猛之劲。炼气化神是中级阶段，重在消去刚劲，渐长柔劲，以意行拳，充实内力。炼神还虚是高级阶段，重在炼至柔至顺之劲，周身内外全凭真意运用，达到拳道合一的至上境界。对以上武术境界有所了解，将有助于习武者明确努力方向，而不致一味埋头蛮练，徒成皮厚肉壮之功，气血躁动之勇。

也有人借神话传说解释境界。把《西游记》里的孙悟空也请出来了，联想奇特广阔，似乎在告诉人们，武术的境界（图7-2）是多么神秘莫测。

图7-2　武术的意境

思考与实践

1. 思考

（1）武术的最高境界应该是什么样子？

（2）你对武术尊德重礼、德礼并举的武德规范是如何理解的？

2. 实践

观看电影《霍元甲》，了解一代传奇武术家的成长历程，感受其自强不息的武学精神和深厚的爱国主义情怀，写出观后感。

少林武术与爱国主义

课件：武术的流派和分类

第八章 武术的流派和分类

学习目标

知识目标

1. 了解古代武术的各种流派。
2. 了解现代武术的分类。
3. 了解武术的套路。

能力目标

1. 体会不同种类和流派武术的技艺美。
2. 改善体质，磨炼意志，丰富生活。

素养目标

1. 养成诚信、忠诚、勤奋、自律的武术素养。
2. 传承武术文化，弘扬民族精神。

文化探究

黄宗羲与内家拳

黄宗羲（1610—1695年），浙江余姚人，明末清初经学家、史学家、思想家、教育家，学问极博，思想深邃，著作宏富。与顾炎武、王夫之并称明末清初三大思想家，与顾炎武、方以智、王夫之、朱舜水并称为“清初五大师”，亦有“中国思想启蒙之父”之誉。他还是一位武术大师。

黄宗羲自幼爱好武术，喜欢看侠客的传记。他18岁时，陷害其父的阉党（指明朝依附于宦官权势的官僚）余孽许显纯、崔应元被刑部会审，黄宗羲出庭对证，在刑部大堂当场出袖，锥刺许显纯，当众痛击崔应元。35岁开始抗清，他在8年多抗清经历中自称为“游侠”。在抗清中，黄宗羲、黄宗炎兄弟结识了内家拳大师王征南（1617—1669年）。

1669年，王征南辞世，年仅52岁。黄宗羲为其撰写《王征南墓志铭》。1775年，其子黄百家撰写《王征南先生传》。

黄宗羲的《王征南墓志铭》，在中国武术史上留下了浓墨重彩的一笔，他第一次提出了内家拳、外家拳之分；第一个记录了内家拳的传承谱系；第一次披露了内家拳“以静制动”的技击原则；第一个披露了内家拳的门规是极秘其技，择徒甚严，且“得传之后，绝不露圭角，非遇甚困则不发”；第一个披露了点穴之术。

《王征南墓志铭》（节选）

少林以拳勇名天下，然主于搏人，人亦得以乘之。有所谓内家者，以静制动，犯者应手即仆，故别少林为外家。盖起于宋之张三峰。三峰为武当丹士，徽宗召之，道梗不得进。夜梦玄帝授之拳法，厥明，以单丁杀贼百余。

三峰之术，百年之后流传于陕西，而王宗为最著。温州陈州同从王宗受之，以此教其乡人，由是流传于温州。嘉靖间，张松溪为最著。松溪之徒三四人，而四明叶继美近泉为之魁，由是流传于四明。四明得近泉之传者，为吴昆山、周云泉、单思南、陈贞石、孙继槎，皆各有授受。昆山传李天目、徐岱岳；天目传余波仲、吴七郎、陈茂弘；云泉传卢绍岐；贞石传董扶舆、夏枝溪；继槎传柴玄明、姚石门、僧耳、僧尾。而思南之传，则为王征南。

凡搏人皆以其穴，死穴、晕穴、哑穴。一切如铜人图法。有恶少辱之者，为征南所击，其人数日不溺，踵门谢过，乃得如故。牧童窃学其法，以击伴侣，立死。征南视之曰："此晕穴也，不久当更生"，已而果然。征南任侠，尝为人报雠，然激于不平而后为之。有与征南久故者，致金以雠其弟，征南毅然绝之，曰："此以禽兽待我也。"

白话译文

少林以拳勇名闻天下，然以打人为主，别人也可以乘机反击。有所谓内家的，以静制动，来犯的人应手就跌倒，因此把少林别称为外家。内家大概起源于宋代的张三峰。张三峰是武当山炼丹士，宋徽宗召见他，在路上受阻不能前进。夜里他梦见真武大帝传授他拳法，天明，他以一人之力杀贼百余名。

张三峰的武术，百年后流传于陕西，以王宗最为著名。温州的陈州同从王宗学到其技，并用来教练本乡人，于是其技在温州流传。嘉靖年间，张松溪最为著名。松溪的徒弟有三四个，以四明人叶继美字近泉的为第一，由此，其技又在四明流传。四明得到近泉传授的，有吴昆山、周云泉、单思南、陈贞石、孙继槎，都各有传授。昆山传给李天目、徐岱岳；天目传给余波仲、吴七郎、陈茂弘。云泉传给卢绍岐；贞石传给董扶舆、夏枝溪；继槎传给柴元明、姚石门和僧耳、僧尾。而思南的传人则是王征南。

他凡打人时都利用穴位，死穴、晕穴、哑穴，一切按铜人图法。有

一恶少年侮辱他，被他打了，这人便几天不能小便，登门谢罪后，才得以恢复正常。有个牧童偷学了他的方法用来打了同伴，同伴马上死去。王征南看了说：“这是晕穴，不久会醒转来的。”过一会果真如此。征南好打抱不平，曾经为人报仇，那是激于不平而干的。有人与他是很久的故交，送钱要他去与自己的弟弟为仇，征南毅然与他绝交道：“这是用看待禽兽来看待我了。”

第一节　古代武术的流派 

拳种林立、门派众多是中国武术的一大特点，而这一特点正是在武术漫长的发展中孕育的。中国武术几乎所有的门派、流派，穷根溯源，追述师祖，实际上都开创于元明清时期。

一、武术派别的概念

武术派别是武术体系的基本构成，也是武术文化内涵的主要承载者。从社会和有组织的角度来说，武术派别表现为门派；从武术的技术和特点的角度来说，武术派别表现为流派、拳派、拳种及套路。

门派有更强的社会性，如少林派、武当派、太极派等。流派、拳派、拳种、套路有更强的技艺性，如南拳、象形拳、通臂拳等。这两个从不同角度归纳出来的武术派别概念，相互包容、相互交叉而存在。

流派的发展大致有三种情况。其一，类同合流，壮大拳派。流派在发展过程中，将一些技法特征相同或相似的拳种归为一类，形成较大的拳派。传统的少林拳派就属此类情况。其二，繁衍支系，发展拳派。各式太极拳的繁衍即属此类情况。其三，融合诸家，创立新派。例如蔡李佛拳、五祖拳、形意拳、八卦拳等，这种现象尤多。

武术流派在漫长的历史过程中，虽然受到封建时期小农经济及宗法制度等的影响，使武术流派蒙上宗派、行、帮、教门等色彩，但技术流派在中国武术发展的历史长河中仍然起着积极的作用。流派体现了不同技术特点的风格，组成了不同的门类，延续了古老的技艺，使武术几千年来得以生生不息、延续发展。

对中国武术派别的分类和统计有不同的方法。有按“南派”“北派”“峨眉派”分的；有按“黄河流域派”“长江流域派”“珠江流域派”分的；有按“内家”“外家”分的。每一流派的拳种则更多，1984年全国武术挖掘整理工作调查统计显示，目前全国凡历史清楚、脉络有序、风格独特、自成体系的拳种有129个以上。

二、传统武术的主要流派

1. 少林派

少林派（图8-1）是传统武术中一个历史悠久的流派，以少林寺传习拳技为基础形成。少林寺建于公元495年，坐落在嵩岳少室山，此山位于武术颇盛的中原地区。古代军旅武术和民间武术不断传入少林寺，加之其中的僧众全都来自民间，有些人入寺之前就会武功，入寺之后又在僧众之间互相切磋传授。这就使他们能够广泛汲取僧俗两界的武术精华，不断总结经验，并有所发展创造，形成了少林拳的基本成分。宋代以后，少林武术先后汇纳了宋太祖赵匡胤的长拳、韩通的通背拳、马籍的短打等18家拳法之长，著拳谱于寺，留传后世，逐步发展成有拳法、器械等多种内容，体系完整、套路精湛的武术流派。在禅宗文化的影响下，明清时已演进为相对稳定成形的少林拳派。

图8-1　少林拳

少林原本分为五大流派，有河南（嵩山）少林、福建少林、广东少林、峨眉少林和武当少林，每派中又分许多小派和门别，派别繁多。从地域上又分为北少林和南少林两大派，南派重拳，北派重腿。

少林拳的最大特点是注重技击、立足实战。运动特点表现为禅拳一体、神形一片，硬打快攻、齐进齐退。动作整体表现为全身上下，内外协调，巧妙多变。有“拳打卧牛之地”和“拳打一条线”之说。主要拳种有小洪拳、大洪拳、罗汉拳、梅花拳、七星拳、长护心意门拳等。内容有拳术、技击散打、气功和器械等。2006年，少林拳被列入第一批国家级非物质文化遗产名录。

2. 武当派

发源于湖北省十堰市武当山，是一种集武术、养身于一体的精妙拳法。武当内家拳如图8-2。有以静制动、以柔克刚、以四两拨千斤、后发先制的武术特点；亦有动如行云流水、绵绵不断、刚柔相含、含而不露的武术风格。

图8-2　武当内家拳

武当派是中国传统武术中的一个重要门派，与少林派并称为武林的两大支柱。武当派的起源虽然有多种说法，但确切的历史细节仍然不清楚。有的观点认为武当派是由张三丰所创立，但也有学者对此持不同意见。

武当派的武术风格独特，强调内外兼修，其功法介于少林的阳刚与峨眉派的阴柔之间。武当派的文化底蕴深厚，既受到道教文化的影响，也与荆楚文化有着密切联系。武当派以其独特的道教色彩和以内家拳为主的武术风格，在武林中独树一帜。

武当派与其他门派的主要区别有：

武当派深受道教文化的影响，强调阴阳平衡、以柔克刚的理念，其武术动作往往含蓄内敛，以弱胜强，与强调外家硬功的少林派形成鲜明对比。

武当派的武术以养生、防身为目的，其技术体系强调内外兼修，注重气功修炼和身体的柔韧性和协调性，与注重实战格斗的其他门派有所不同。

武当派的功法以柔、缓、稳为主，追求内在的修为和力量的控制，与其他门派如少林派的刚猛快速、峨眉派的矫健敏捷形成对比。

武当派的武术充满了浓厚的道教文化内涵，融汇“天人合一”“道法自然”等观念，使武当派的武术不仅仅是一种防身术，更是一种修身养性的方法。

总的来说，武当派以其独特的武术风格、深厚的道教文化底蕴和强调内在修为的特点，与其他门派共同构成了丰富多彩的中国传统武术世界。

3. 太极派

太极拳（图8-3）是以中国传统儒、道哲学中的太极、阴阳辩证理念为核心思想，集颐养性情、强身健体、技击对抗等多种功能于一体，结合易学的阴阳五行之变化、中医经络学、古代的导引术和吐纳术形成的一种内外兼修、柔和、缓慢、轻灵、刚柔相济的传统拳术。

图8-3　太极拳

关于太极拳的起源，一种说法是张三丰创建的内家拳中有“太极十三势”，另一种说法是太极拳的发源地是陈家沟，创始人是陈氏第九代传人陈王廷。据著名武术史学家唐豪考证，陈家沟陈王廷所创比较有据。太极拳早期曾叫“长拳”“绵拳”“十三势”“软手”。太极流派众多，有武当太极、陈氏太极、杨氏太极、吴氏太极、武氏太极、孙氏太极、混元太极等，各派既有传承关系，相互借鉴，也各有自己的特点，呈百花齐放之态。

1949年后，太极拳被国家体委统一改编作为强身健体之体操运动、表演、体育比赛用途。改革开放后，技艺部分还原本来面貌，从而再分为比武用的太极拳、体操运动用的太极操和太极推手。2019年12月25日，混元太极申报国家非物质文化遗产顺利成功。2020年12月17日，中国太极拳申报世界非物质文化遗产圆满成功，太极拳被列入联合国教科文组织人类非物质文化遗产代表作名录。这将极大促进太极拳运动的普及和中医自然疗法的科研实证。

4. 形意派

形意派的形意拳（图8-4），又称行意拳，中国传统拳术之一。虽然起源说法不一，但广泛认可的最初创始人是明末清初山西蒲州（今永济市）人姬际可（1602—1683年）。形意拳创立之初叫心意六合拳，即心与意合、意与气合、气与力合、肩与胯合、肘与膝合、手与足合。形意拳讲究内意与外形的高度统一。现行流传的形意拳为道光年间河北深州人李洛能在心意拳的基础上改革创立而成，后世尊李洛能为形意拳祖师。李洛能所创建的形意拳，基本内容为三体式桩功、五行拳和十二形拳。

图8-4　形意拳

三体式为形意拳独有的基本功和内功训练方式，有“万法源于三体式”之称。五行拳结合了金、木、水、火、土五行思想，分别为劈拳（金）、钻拳（水）、崩拳（木）、炮拳（火）和横拳（土）。十二形拳是仿效十二种动物的动作特征而创编的实战技法，分别为龙形、虎形、熊形、蛇形、骀（tái）形、

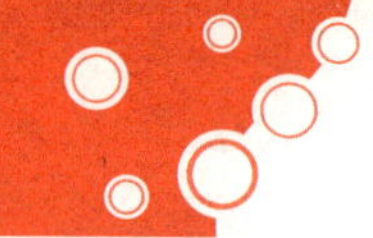

猴形、马形、鸡形、燕形、鼍（tuó）形、鹰形。

2011年5月23日，形意拳经国务院批准列入第三批国家级非物质文化遗产名录。

5. 八卦掌

八卦掌（图8-5），又称游身八卦掌、八卦连环掌，是一种以掌法变换和行步走转为主的中国传统拳术，是中国传统武术当中的著名拳种之一，流传很广。八卦掌由河北省文安人董海川创于清末。据传是董海川在江南游历时得到道家修炼的启示，结合加以整理而成。由于运动时纵横交错，分为四正四隅八个方位，与“周易”八卦图中的卦象相似，故名八卦掌。有些八卦掌老拳谱常以卦理解释拳理，以八个卦位代表基本八掌。

图8-5　八卦掌

八卦掌的运动特点是轻灵敏捷、掌随步变、圆中有圆、如环无端。其技击原则是以动制静，避正打斜。八卦掌不仅是一门技击术，也是一门健身术。研究表明，八卦掌能全面改善人体机能状况。

2008年6月7日，八卦掌经国务院批准列入第二批国家级非物质文化遗产名录。

6. 南拳

南拳，又称南方拳派，是明代以来流行于南方的一大类拳种的总称。它以福建、广东为中心，广泛流传于长江以南地区。由于历史悠久，再加上师承关系的演变，形成了多种打法。但多数套路仍具有同一特点，即套路短小精悍，结构紧凑（南方人四肢较短，所以讲究贴身靠打，多出短拳，充分发挥“一寸短、一寸险”的优势），动作朴实，手法多变，短手连打，步法稳健，攻击勇猛，常伴以声助威，技击性强。南拳讲究桩功，以练坐桩为主，还有丁桩、跪桩等，也有练药手、打沙袋、铁砂掌、点穴功、童子功、罗汉功、青龙功、排打功等。

南拳中有许多象形拳，不仅有龙、虎、豹、象、鹤、蛇、马、猴、鸡等常见的象形拳，而且有狮、彪、鱼、犬等罕见拳种。其象形拳数量之多，居全国诸大拳系之冠。图8-6为南拳鹰爪拳。

图8-6　南拳鹰爪拳

南拳在武侠传奇小说和影视中占有重要的地位，知名人物有洪熙官、方世玉、苏乞儿，而习南拳者最为出名的当数一代宗师黄飞鸿。南拳拳系的形成时间大概在清初到清代中期，很早就流传到海外，在东南亚、美洲、大洋洲扎下根来。若论传播中国武术的贡献，南拳拳系自当首屈一指。

7. 八极拳

八极拳（图8-7）是中国武术中的一种拳法。该拳法的“八极”一词原为古地理概念，源于《淮南子·坠形训》中“天地之间，九州八极”。如今的“八极”一词用于武术，取意为“发劲可达四面八方极远之地”。

八极拳属于短打拳法，其动作普遍追求刚猛、朴实无华且发力迅猛的风格。在技击手法上讲求寸截寸拿、硬打硬开。真正具有一般所述挨、帮、挤、靠、

图8-7　八极拳

崩、撼之特点。八极拳发力于脚跟，行于腰际，贯手指尖，故爆发力极大，极富有技击之特色，大有“晃膀撞天倒，跺脚震九州”之势。因此八极拳在中国传统武术界素有“文有太极安天下，武有八极定乾坤”之说。

2008年6月7日，八极拳经国务院批准列入第二批国家级非物质文化遗产名录。

8. 通臂拳

通臂拳（通背拳）（图8-8）是中国北方拳术之一，强调以猿背或猿臂取势，故又称“通背猿猴”“白猿通背”。通背拳在传统武术中源远流长，流传十分广泛。通背拳侧重实用，不讲究套路而讲求招法。通背拳与一般拳法相比较，拳或掌的手形较丰富，通背拳主要有单晃掌、撩阴掌、双盖掌、引手掌、拍掌等。通背拳练腕主要就是练抖腕、摇腕，通过这两个方法把手腕摇活，抖出劲来。

图8-8　通臂拳

中华人民共和国成立后，通背拳被列为全国武术表演和比赛项目。2014年经国务院批准其列入第四批国家级非物质文化遗产名录。

9. 秘宗拳

秘宗拳（图8-9）相传起源于唐末，传至宋代由卢俊义在少林寺加以发展而成。卢俊义收燕青为徒，燕青精此拳，故又称“燕青拳”。传说燕青被官兵追逼到梁山时，雪上未留足迹，致官兵迷路，故又称之为“迷踪艺”。另说唐代少林寺高僧外出至一高山，见到猿状动物相斗，得到启发，后造此拳遂名为“猊猔拳”。此拳由河北传到山东青州，又形成“燕青神捶”一派；在河北、天津一带与八番拳结合，又形成“燕青寸八番”一派。

图8-9　秘宗拳

秘宗拳特点是动作轻灵敏捷、灵活多变。主要套路有劈砸拳、头路拳、三步架、四路奔打等。器械有青龙剑、明堂刀、五虎断门枪、春秋大刀等。另有硬功铁裆、铁砂掌、铁顶和医疗保健功十二练手等。

谈秘宗拳，不能不说霍元甲。霍家秘宗拳的传人霍元甲是清末人，他生活在中国人民备受列强欺凌的时代，作为一个武术家，他以惊人的绝世武功威震四海。在上海时，霍元甲曾与一名日本武师交手，日本武师企图暗中伤人，他看出破绽将其臂骨折断。西洋力士奥皮音向我国人挑战，霍元甲一到，他则慌忙逃之夭夭。在天津，自称“世界第一大力士”的俄国拳师，闻其名而丧胆，临阵怯逃。霍元甲的威名引起了敌人的仇视。日本浪人利用他有咳血病之机前

来送药，霍元甲服药后病情加剧，于1910年9月与世长辞。1919年，在霍派精武体育会创立10周年之际，孙中山先生为该会题了“尚武精神”四个大字，还为纪念画册《精武本纪》作序。霍元甲作为秘宗拳术的传人，不仅承继了秘宗拳的精华，而且发扬光大了中国武术的爱国精神，为中华民族武林史写下了光辉的一页。

10. 翻子拳

翻子拳（图8-10）是中国武术宝库中的一个历史悠久的优秀拳种，在明代名为“八闪翻”，后俗称“翻子拳”。之所以称为“八闪翻”，因它有八个主要招式。“闪”，极言其快，意为闪摆取势如电掣雷动；“翻”，即翻生不息，连三拼四。翻子拳特有的器械有八步连环进手刀、绵战刀等。翻子拳过去主要流传于河北高阳，清末传到东北，近几十年主要在河北、辽宁、甘肃、陕西等省较为盛行。在清末民初时期，中国北方尤其在河北中部一带习练翻子拳者盛行。

图8-10　翻子拳

翻子拳的出势一律是“旗鼓势”，这是分辨是否属于翻子拳的标记，然后以直拳、摆拳为主，并以腰力贯穿其身法，使两拳快似闪电、密如疾雨，使人防不胜防，非常实用，被视为中国武林中的精华。此套路是全国武术比赛冠军套路。

中华人民共和国成立后，翻子拳被列为全国传统武术表演和比赛项目。2022年6月，入选天津市第五批市级非物质文化遗产代表性项目名录。

11. 象形拳

象形拳（图8-11），泛指模仿某一动物的技能、特长和形态，或模仿某种特定人物的动作形态，结合攻防技法、艺术手法而编的拳术。武术中的象形拳起源甚早，说是拳法鼻祖也不为过。相传上古之时已有“三人操牛尾以舞”为戏，汉魏时又有“五禽之戏”。

图8-11　象形拳

象形拳分象形和取意两种，象形是以模仿动物和人物的形态为主，缺少或很少有技击的动作。取意则以取意动物的搏击特长为主，世间万物大者如雄狮、猛虎，小者如蝼蚁、螳螂，各自具有特殊的“搏击”本领。人虽为万物灵长，然尺有所短、寸有所长，以动物的搏击特长可以充实技击动作的内容。

象形拳主要有猴拳、鹰爪拳、蛇拳、螳螂拳、醉拳、鸭形拳，以及八仙醉酒、鲁智深醉跌、武松脱铐等。其中，醉拳是模仿醉汉动作的一种拳术。这种拳打起来，很像是醉汉酒后跌跌撞撞、摇摇摆摆，但实际上是形醉意不醉，是由严格的武术手法、步法、身法等组成的套路。醉拳中有“太白醉酒”“武松醉跌”（即玉环醉步，鸳鸯脚）、“鲁智深醉打山门”“醉八仙”等名称。醉拳根据其不同名称而组成不同形象、不同内容的套路，但都离不开醉形、醉态的特点。醉拳由于其内容多跌、扑、滚、翻动作，故又被认为是“地趟拳”的一种。

第二节 现代武术的分类

一、按照主导功能分类

武术按照主导功能可以分为体育武术、实用武术、演艺武术等。

1. 体育武术

（1）竞技武术　是指高水平武术竞技，是为了最大限度地发挥个人运动潜能和争取优异成绩而进行的武术训练竞赛活动。它的特点是专业化、职业化、高水平、超负荷，突出竞技性。

竞技武术正式出现在20世纪50代以后，至今形成一个完整体系。竞技武术大致包括竞赛制度、运动队训练体制和技术体系三大部分，以竞技武术为形式的国际武术比赛有世界武术锦标赛及洲际性武术比赛。竞技武术在国内是以全运会为最高层次，以全国武术锦标赛为龙头，以套路、散打为竞技主要内容的结构模式。

套路竞技内容有长拳、太极拳、南拳、剑术、刀术、枪术、棍术、其他拳术（第一类为形意拳、八卦拳、八极拳，第二类为通背拳、劈挂拳、翻子拳，第三类为地趟拳、象形拳等，第四类为查拳、华拳、炮拳、红拳、少林拳等）、其他器械（第一类为单器械，第二类为双器械，第三类为软器械）、对练项目（徒手对练、器械对练、徒手与器械对练）、集体项目等。套路是以突出竞技特点、提高水平和鼓励发展创新为基本内容思想，使技术向“高、难、美、新”的方向发展。

散打竞技是按运动员体重，分为11个级别而进行的实战比赛，以决胜负。在技术发展方向上，散打技术的特点是强化体能、技法全面、突出个性——快狠准。

（2）健身武术　是指以普及为基础，旨在强身健体而开展的群众性武术活动。其特点是具有广泛适用性、自觉性、灵活性、娱乐性。其中，广泛开展的健身武术有简化太极拳、三路长拳、四十八式太极拳、三十二式太极剑等项目。另外，还有流传于民间的不同风格的套路和功法等内容形式。

（3）学校武术（图8-12）是在学校范围内开展的以教育为目的武术项目。其内容是选择符合学校教育特点的武术技术和知识，通过适用于学校体育教育的多种运动形式，在学校体育课、课外武术活动、课外武术训练和竞赛中进行的一种有计划、有组织的教育活动。

图8-12　学校武术

彩图：学校武术

学校武术应有六类以上的运动形式，每类运动形式都有自己的目的和相应的内容，既适用于学校领域的集体教学，又区别于竞技武术、民间武术等其他领域武术的运动形式；大部分运动形式具有不可置换性，而且可以根据不同的教学目的和教学对象的需要，选择相应的武术素材进行填充和创编新的内容。

这六类学校武术运动形式是：武术游戏、武术达标、武术体操、武术短套、武术防身、武术保健。同时，学校领域还应有一个与上述运动形式相对应的武术知识系列。这个系列是把中国武术中所蕴含的或与技术相匹配的传统拳理、武林掌故、兵法、伤科，以及武术史学、武术哲学、裁判规则等传统和现代的武术文化知识，结合各级学校的具体情况变通为浅显易懂的知识系统。让学生接触到具体的民族传统文化内容，感受到其中承载着的中国传统武术文化信息。

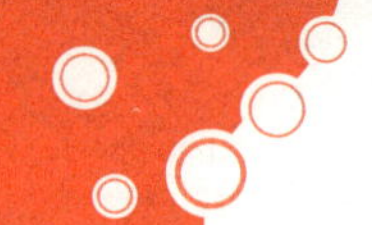

2. 实用武术

实用武术是指以军队和公安武警系统为对象的擒拿格斗武术项目，其特点是简单实用，一招制敌。主要内容有擒拿术、摔跤术、擒敌拳术及器械的实战实用方法，其中擒拿格斗技术是以人体要害部位为重要攻击点，具有较强的实用性。

3. 演艺武术

演艺武术是通过艺术手段来集中或带有夸张的手法来表现武术。例如，近年来在欧美引起巨大反响的大型舞台剧《风中少林》、中央广播电视总台春节联欢晚会中的景观太极《行云流水》等，就是通过舞台灯光、舞美、服装、道具等表现武术，使人获得美的享受。另外，武打影视剧中主人翁高超的武术造诣与人格魅力融为一体，也会给观赏者以愉悦和感动。图8-13为塔沟武校参演的2023年央视春晚节目《演武》。

图8-13 《演武》

二、按照运动形式分类

武术按照运动形式可以分为套路运动、格斗运动与功法运动。

1. 套路运动

（1）套路运动的形式与特点　武术套路的渊源最早可以追溯到远古，原始状态下的巫、武、舞合一的文化形态，便包含着武术套路的雏形。武舞的长期存在，应该说也为武术套路的形成产生过相当的影响。宋代的“打套子”，可能是更接近武术套路的一种表演形式。元代实行民族压迫政策，科举规模小，大批汉族知识分子仕途无路，沉沦于社会下层，因此走上了和民间艺人结合的道路，原来无法与诗文等文学形式比肩的戏曲文艺形式便兴盛繁茂起来。由于当时某些因素制约，武术隐入戏曲、戏剧武打，便逐渐发展定型为符合其表现情节和情感需要的程式化形式。元代杂剧的兴盛，对武术套路的出现产生了重要的推动作用。

从明代开始，武术套路正式出现。程宗猷《单刀法选》便提到：“以前刀法，着着皆是临敌应用，苟不以成路刀势，演习精熟，则持刀应用、进退、跳跃、环转之法不尽，犹恐临敌掣肘，故列成路刀法一图……以便演习者观赏。”他的著作中，还详绘有刀、棍等套路演练步法路线图，是至今所见的最早的武术套路图谱。图8-14为右劈刀套路。

因此，套路运动是以踢、打、摔、拿、击、刺等攻防技击动作为素材，遵循攻守进退、动静疾徐、刚柔虚实等矛盾运动的变化规律编成的整套演练形

图8-14　右劈刀套路

式。例如，二十四式简化太极拳套路为：起势—野马分鬃—白鹤亮翅—搂膝拗步—手挥琵琶—倒卷肱—左揽雀尾—右揽雀尾—单鞭—云手—单鞭—高探马—右蹬脚—双峰贯耳—转身左蹬脚—左下势独立—右下势独立—左右穿梭—海底针—闪通臂—转身搬拦捶—如封似闭—十字手—收势。

套路以演武的形式再现了格斗的技法与意境，体现出武术的艺术性特征，是区别于其他格斗运动项目的重要标志，也是武术文化形态最终形成的重要标志之一。武术套路的存在，也是中国武术区别于其他民族武技的重要内容之一。

（2）套路运动的分类　中国武术源远流长，拳种繁多，门派林立，内容丰富。套路运动是中国武术最为经典的代表，按照演练形式可以分为单练、对练和集体演练三种类型。

① 单练是单人演练的套路运动形式。其中拳术包括长拳、太极拳、南拳、形意拳、八卦掌、八极拳、劈挂拳、通背拳、翻子拳、少林拳、戳脚、地趟拳、象形拳等。器械包括短器械（剑术、刀术）、长器械（枪术、棍术）、双器械（双刀、双剑、双钩、双匕首、峨眉刺、双头双枪等）、单器械（大刀、仆刀、长穗剑、醉剑、矛、戈、戟、飞叉、月牙铲、拐杖等）、软器械（绳镖、流星锤、九节鞭、牧羊鞭、三节棍、二节棍、短梢子、长梢子等）。图8-15为弹腿云棍套路。

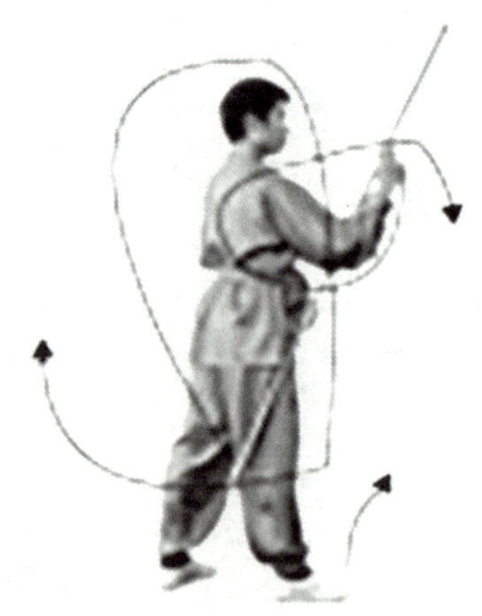

图8-15　弹腿云棍套路

② 对练是两人或两人以上按照既定程序进行攻防技术的实战演练，包括徒手对练、器械对练、徒手与器械对练。

③ 集体演练是多人集体进行徒手、器械、徒手与器械结合的演练，可以用音乐伴奏，变换队形。竞赛活动通常要求六人以上，演练整齐、有序、协调、精彩，如集体基本功、集体少林拳、集体太极拳、集体剑、集体刀、集体棍、集体枪、集体九节鞭等。

2. 格斗运动

武术格斗运动是指两人或多人按照一定的规则，进行斗智、斗力、斗技的对抗实战形式。目前主要有散打、推手、短兵和长兵四个项目。

（1）散打（散手）　技击是武术的本质属性。在古代，武术徒手对抗的方式曾被称作相搏、手搏、白打、手战、相散手等。近代，中央国术馆称之为散手、拳术试合、拳术比赛、对试等。中华人民共和国成立后，则更多地使用了散手、散打的称谓。其中散手是传统武术的一个重要练功手段、练功阶段（图8-16），而散打则是近现代在西方体育思想的影响下在武术散手的基础上形成的一个体育项目。

“散手”这一名称在古代中国文献中多处出现，基本意蕴主要有“徒手对抗时分开的状态”和“卫士之一”两种。有学者认为，“散打”可能是晚近才出现的词，是民间低位文化人士的口头语，例如称练拳为“耍拳”，称拳家为

图8-16 散手

“把势”之类。

散手是把本门套路中的动作拆成单式，在师徒以及师兄弟之间进行“拆招”“喂招”乃至直接的两人对抗，以锻炼习武者的自卫能力。传统武术各门派中大都有散手阶段的练习，如太极散手、八卦散手、形意散手、螳螂散手等。

党的十一届三中全会后，国家体委成立了武术散手调研组，写出了《关于开展武术散手运动的报告》，1982年国家体委颁布了《武术散手竞赛规则》，1989年国家体委办公厅发出了《关于加强武术散手比赛管理的通知》，1990年人民体育出版社出版了《中国散手》。

经过近20年的发展，“武术散手”日趋完善，已经成长为一项较为成熟的体育项目。在这种情况下，再用具有传统意味的“散手”来称之已不合时宜。为此，1999年“散手”更名为“散打”。此后，“全国散手锦标赛”更名为“全国散打锦标赛”，同时运动员所穿戴的护具由原来散手的“全护式”改为散打的“点护式”。2000年3月25日，随着首届中国武术散打王争霸赛的开赛，散打运动日益深入人心，得到人们的普遍认同。

（2）推手　武术推手指的是太极拳推手（图8-17）。太极推手还被叫做

“打四手”“揭手”“揉手”等。推手以竞技为主。推手比赛都是在比基本的力量，身高、体重对比赛结果有很大的影响，基本都是运用摔跤技术加上散打技术。一般人运用力量，逃不出大力胜小力的范畴。太极推手的变化是遇到力量产生直接变动，导致对手的力量落空，而形成对手的失重。

推手运动流行很广，两个人在一起推来推去，冬季浑身发热，出一身汗很舒服，又像互相按摩，所以受到学练者的喜爱。国家体育总局制定规则，将推手列为竞赛项目，此举受到太极拳爱好者的热烈欢迎。

图8–17　推手

（3）短兵　短兵运动是中国武术的重要组成部分，是武术的竞技形式之一。短兵运动尽管产生很晚，但却有着悠久的历史渊源。它起源于中国古代的击剑运动，以及后来兴起的刀剑比试，因此可以说它是剑刀合体的短兵器竞技形式。它与散手、长兵、摔角等一起，均为近代国术试验的产物，是中国传统武艺的现代化发展。

作为以传统刀剑技击技术为主体，重新创造产生的竞技性器械武术，短兵运动既有合理的规则与完善的器材，有一整套系统的训练与竞赛模式，也有深邃的文化底蕴与价值定位，是中国传统人文精神与现代价值认识在武术文化上的融合。

（4）长兵　长兵是两人手持一种特质的长器械，遵照一定的约定或规则，以棍法和枪法为主要攻防方法进行的对抗。

3. 功法运动

武术功法运动是指为掌握和提高武术套路和格斗技术，开发武技所需要的按照人体潜能，围绕提高身体某一运动素质或锻炼某一特殊技能而编组的专门练习。武术功法运动内容丰富、形式多样。按照锻炼方式和锻炼效果的不同，武术功法运动主要分为柔功、内功、硬功和轻功。

（1）柔功　泛指通过各种专门的练习方法和手段，以达到提高肢体关节活动幅度和肌肉伸展性能的功法运动。例如，武术基本功中的各种压腿、搬腿、撕腿、劈叉腿、下桥、压肩（图8-18）等，都属于柔功。

图8-18　压肩

（2）内功　又称内壮功、内养功或富力强身功，泛指习武者通过专门的训练方法和手段，对人体内在的精、气、神及脏腑、经络、血脉等的修炼，以达到精足、气壮、神明、内脏坚实、经络血脉通畅、内壮外强的功效。

（3）硬功　又称“外功”，泛指习武者通过专门的训练方法和手段，使身体具有比常人较强的击打、抗击打、摔跌、磕碰的能力，以达到强筋骨、壮体魄之功效的功夫运动。例如传统的鹰爪功、金刚指、铁砂掌、打千层纸及各种排打功等，都属于外功。外功一般与内功结合进行修炼，即所谓的“内练一口气，外练筋骨皮”。图8-19为侧踹腿。

图8-19　侧踹腿

（4）轻功　又称“弹跳功”，泛指通过各种专门的练习方法和手段，以达到增强弹跳能力而得到蹦得高、跳得远之功效的功法运动。

思考与实践

1. 思考

（1）我国传统武术流派的形成有哪些共同的规律？

（2）现代武术的分类越来越细、越来越多，这是为什么？

2. 实践

观看电影《黄飞鸿》，了解南拳创始、发展、创新的历程，领略了中国传统武术文化的精髓，写出观后感。

武术兵道

课件：中华优秀文化与传统武术

第九章 中华优秀文化与传统武术

学习目标

知识目标

1. 了解武术与儒、释、道的关系。
2. 了解武术与中医养生的关系。
3. 了解武术与军事的关系。
4. 了解武术与文学艺术的关系。
5. 了解武术与表演的关系。

能力目标

1. 学会武术养生术（八段锦）。
2. 能传承、颂扬中华传统武术文化，并在武术习练中融入中华优秀文化。

素养目标

1. 养成坚韧豁达、奋发向上的武学精神。
2. 懂得中国武术是关心社会、尊重自然和勇于创新的传统文化。

太极与阴阳

太极是中国古典哲学术语，出自《易传》：“易有太极，是生两仪，两仪生四象，四象生八卦。”物质世界的一切生成变化都以太极为源头，即“易有太极”。“是生两仪”指太极分化出天和地，天地有阴阳，天为阳，地为阴。宇宙间的一切事物和现象都包含着阴和阳，阴阳之间互相对立斗争又相互滋生依存，这便是物质世界的一般规律（图 9−1）。

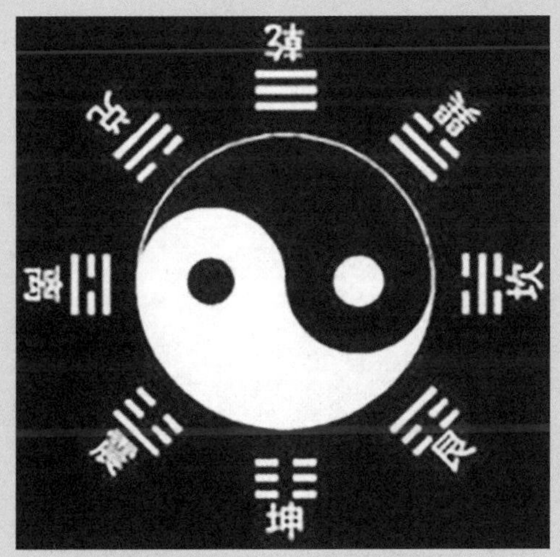

图9-1　太极八卦图

世界万物皆分为阴阳，阴阳之间相互对立、相互滋生、相互转化，阴极便为阳，阳极成为阴，就像四季春、夏、秋、冬一样周而复始，永不停息。《黄帝内经》里说：“阴阳者，天地之道也，万物之纲纪，变化之父母，生杀之本始，神明之府也。”阴阳是世界万物变化的根源，太极就是依据阴阳变换而产生的事物运动，揭示了宇宙万物生生不息的动力所在。

阴阳学说对传统武术产生了极大的影响。内家拳是运用我国传统道家哲理、阴阳学说和五行八卦演变之法，依据中医经络学理论，融合道家导引、吐纳之术，结合人体内外运行规律，形成的刚柔相济、动静相间的健身防卫拳术。太极拳是内家拳中极富智慧的拳种，太极拳文化也真正体现了中华传统文化的精髓。

第一节 武术与儒、释、道

中国武术的思想糅入太多的中华传统文化，特别是儒、释、道三教合一的文化和思想，是武术多元化文化观的重要体现。在中国长期的历史中，宋孝宗、永乐皇帝、雍正皇帝等都提出了“儒家治世、佛教治心、道教修身”的思想，三教相互融合，和谐发展，对中华文化发展和文明进步起了重要的推动作用。武术充分借鉴吸收了中华优秀传统文化的精髓，以儒、释、道、墨、兵等思想为文化底蕴，以武术独特的理、法、术、功等为深厚内涵，经过修炼而成为绚丽多彩的武术艺术。诸子百家中儒家、墨家、道家、兵家、阴阳家等学派，他们对武术思想、战阵格杀、武术技能、武德规范等，都有着很大的指导作用。随着儒、释、道、墨、兵等主流学派思想的融合和影响，使中国武术形成了以“仁、义、礼、智、信”为核心的指导思想和武德规范。

一、尊德重礼，儒家中庸思想

中国武术是一种非常讲究“德”的功夫，武德是忠、信、勇、仁、义的化身。国无德不兴，人无德不立。《论语》中“三军可夺帅也，匹夫不可夺志”舍生取义的精神和品质，《孟子·滕文公下》的“富贵不能淫，贫贱不能移，威武不能屈”的大丈夫气概和独立人格，《大学》中“修身、齐家、治国、平天下”的理想情怀，都对习武者精神和灵魂的塑造起到重大的作用。崇尚武德是武术几千年来的优良传统，德重于体，修德养体，德体兼备。

未曾学艺先学礼，未曾习武先习德。任何一个习武之人都要从“道德”“礼”“让”开始学起。中国武术很早就有“礼”的要求，如两人在切磋武技之前要先行拳礼。同行之间见面都拱手行拳（图9-2），以表示对人的尊敬。这些拳礼一直沿用至今，并形成了独立的武术伦理理念与武德。儒家的思想核心是“仁”，“礼”又是“仁”的必要表现形式。孔子说“克己复礼为仁”，

图9-2　武术拱手行拳礼

“仁”是从人的本质上强化人固有的区别于动物的属性，而“礼”则是从实践上规范人的本性，明确人应具备的社会责任。儒家的“仁义”思想深深地浸透在古代武术的武德观念之中，“学拳以德行为先”就反映出这一观念。可以说，传统的“礼让”“不为人先”“谦谦君子”等说法逐渐沉淀在中国人的文化心理结构和武术文化思想之中。

“中庸”是儒家的重要思想，武术动作本身受传统文化“中庸之道”思想影响，从动作形态上讲究以中为度、中正和谐、过犹不及；在练习技术上要求意、气、形、神的统一，都包含着浓厚的民族传统文化特色。以“中庸”为特征的价值观念通过拳术的修习也可以使习武者的精神气质产生变化，从而使心性与行为皆合乎“中庸”的标准。得“中庸”之道者，习武自然形成一种气势、气概和气节，有一种雄浑之气、正义之气、浩然之气、飘逸之气、豪放之气、忠义之气。

二、仁忍动静，佛教禅武合一思想

释是指古印度（今尼泊尔境内）释迦牟尼创立的佛教。历史上佛教对中国武术的影响深远，它在中国武术的发展史上起到了积极的作用。中国武术追求“圆”“空”“静”“无”的境界，体现出明显禅宗思想的文化品位。武术与佛教的经典融合形成了禅武一体的禅宗文化。

禅宗也是佛教与中华传统文化结合后的产物，是中国化了的佛教文化。它超脱印度佛教的一些高深理论，是修行者凭借自身的体验，感悟宇宙的永恒，这与中国武术的道教的修行是相通的。中国武术的习练除了师父的口传身授以外，更多的是要求自身的体悟。佛教禅宗与武术的内在联系使得禅宗以武术为佛道，以禅入武，禅武合一。

少林武僧就把武术训练作为佛教禅修的一种目的，在修行的过程中将禅修之思想贯彻于武术运动训练中，以武术运动为禅修，禅拳一体，以武悟禅，以禅导拳，在武术训练中开发智慧。

中国佛教的精神教义、纲常戒律影响了中国武术“武德”的建设，如佛教的慈悲为怀、众生平等、繁多害生、消除贪欲，以及遵守杀、盗、淫、妄、酒五戒，给予了武德武纪良好的借鉴。少林武僧皆温良和顺，济世助人，为世仰重。

佛教之“忍”首先是能忍常人难以忍受的痛苦、寂寞，而安之若素。人们对佛教的评价就是青灯古佛，这与武术锻炼者在锻炼、学艺过程中要忍受劳苦寂寞是一样的。佛教修养论的坚忍不拔、忍辱负重、逆来顺受、含辛茹苦、任劳任怨、以苦为乐、以辱为荣，与中华民族习武者的修炼论、武德等也是相同的。佛教的勤勉精进与自强不息同武术的锻炼原理也是相同的，习武之人“夏练三伏，冬练三九”。古有东晋名将祖逖“闻鸡起舞”，当别人都还在温暖梦乡之时，他却独自一人在发奋刻苦地锻炼，这就是武术的精魂，坚忍不拔。

佛教的僧肇在《物不迁论》中系统提出的动静关系观，是对物色（佛教对世间形形色色万物的称谓）有无关系的另一种存在形态的表述。因为物色的“有”即是“动”，物色的“无”即是“静”，物色缘起而“有”，缘散而“无”，因而也缘起而“动”，缘散而“静”。诸法“非有非无”，才是佛家真谛，它表现在动静关系上就是“非静非动”，首先“静”为“动”之本。动静关系在武术太极拳中体现得更为贴切，太极拳分阴、阳，讲虚、实，太极拳动作缓慢，呼吸自然深长，是自然功；动中求静，是静功；注意虚实，是阴阳学说，它讲求的是动静之机、阴阳之母。表现在其他武术项目上也是一样的，一个人的武

术修养达到一定的水平时，他心中的杂念也较少，随着时间的延长，对武术理解得也更透彻。例如有些高水平的武术运动员到了比赛场上时，他虽然是身在运动但却全身心地投入比赛中，心如止水，灵台清澈、透明。这也就是佛教对武术的诠释，身虽动而心却静。

三、道法自然，道家辩证思想

道家文化奠定了武术理论认识论的基础，它为中国武术功夫理念体系之“道论、气论、劲论”提供了坚实的理论支撑。道家“道法自然”的思想和生命宇宙观对武术文化的发展具有重要意义。其贵生乐生的生活态度、崇俭抑奢的生活信条、顺应自然的行为原则、慈爱和同的处世方式、清静恬淡的精神境界、抱朴守真的价值取向以及天人和谐的生态理念等，都对武术思想文化有着重要影响。道教修炼的基本主张是“形神俱妙，与道合真”，在武术上的至善境界是“武道合一”。

“将欲弱之，必固强之……将欲取之，必固与之”说的是任何事物在其发展变化过程中，到一定程度后会向其反面发展的规律，即所谓的物极必反。这种“柔弱胜刚强”的思想是老子哲学思想的反映，反映了道家学派的辩证思想。

老子这一辩证法思想被广泛地运用于武术战略思想之中，成为武术战略的基本原则。《庄子·说剑》中说:“夫为剑者，示之以虚，开之以利，后之以发，先之以至。”说的是技击的道理，贵在以静制动、以柔克刚、因时而变、后发制人。其中一静一动、一先一后的技击技巧，正是在敌我力量消长的空隙，迅速攻击，这就是“四两拨千斤”的最高境界，即反映老子“反者道之动，弱者道之用”的辩证法。

道家武术以道教哲学及道教理论为指导，结合中医学、内丹学、养生学等成果，将武术技击术和健身术融为一体，讲究经络、穴道，注重内在的修炼；以坚实内功为筑基，以气发力，借力打力。习道教武术者“外能技击抗敌以自保，内能强身健体以养生”，可兼得技击和养生之妙。

武术是实践“天地大道”的技艺，通过武术的修炼，可以达到以武证道、以武明道、以武悟道、以武载道、以武践道、武道合一。《论语·卫灵公》中有“人能弘道，非道弘人”，要求习武者遵循自然规律，道法自然，以武入道，术道并用，无为而为。这一点充分反映了中国武术作为一种文化，在长期的历史演进中与道教文化的依附关系，同时逐渐形成了自己独具民族风格的练功方法和运动形式。

第二节　武术与中医养生

古代中医学和武术有着天然的联系，都在发现人的潜能，都在探索人体的奥秘。古代医学对武术的影响从观念到方法，全面而切实。

中医的整体观和综合观影响了武术理论的形成，武术将这些理论吸收到自己的理论体系中，形成了形神合一、内外兼修的练习方法。

中医阴阳理论对武术技击产生了深远影响。武术技击中的攻防、进退、刚柔等对立的矛盾和转化，是根据阴阳两极的平衡原则进行的。

武术练习中强调“形神相关”，外练筋骨皮，内练精气神，与中医的形神相关的理论相吻合。精气神的观念也是从中医学中借用过来的。

武术与中医伤科相伴而行，武术活动中的损伤需要中医伤科医学来治疗，而中医伤科也因武术活动的发展而不断进步。

武术根据中医的经络学说来练习拳法，依据中医的养生术练习功法，经络学说指导了武术的发展，武术实践也丰富了中医经络学说的理论。

一、武术与经络

在历史上，很多武林高手也是一代名医，像黄飞鸿、杨露禅等，遂有“武医”一说。习武时，运动剧烈、身体消耗大、伤病机会多，而古代缺医少药，习武者便自己探索防病治病之术，像推拿、按摩、点穴、气功、刮痧、放血、拨筋、艾灸、膏贴、敷药、熏蒸、药浴等，往往效果独特。武学很多门派都蕴藏着

各类内外伤的奇效验方，尤其是在打通经脉、舒筋活血方面有着简单易行、疗效独特的方法。

武医的很多疗法是以我国中医的经络学说为理论依据的。经络就是经脉和络脉的总称。在人体中分布着直行的经脉（图9-3），经脉贯通上下、沟通内外，它是主干。络脉是经脉别出的分支，较细小，纵横交错，遍布全身。经络内属于脏腑，外络于肢节，沟通于脏腑与体表之间，将人体的五脏六腑各组织器官联系为一个有机的整体。

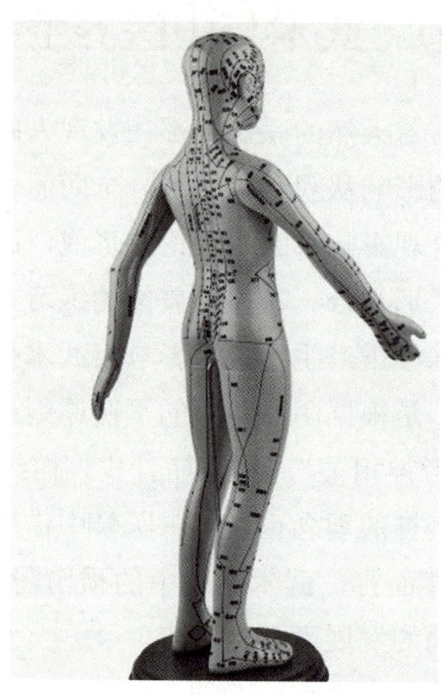

图9-3　人体经络示意图

经络的作用：一是气血由经络传送到人身体各部分，供给营养、消除疾病，使人体维持着生理活动。二是沟通体内外信息，把外部信息传到体内，如将冷、暖、疼痛的刺激传到体内，作出反应；也可以将身体内部状态表现在体外，如把身体内部的炎症、疼痒、病变引起的不舒服感觉由神经组织表现出来。人体的经络对体内外的信息情况都要作出反应，采取措施，从而使人体的各部位生理功能通过调节达到平衡。

在散打或格斗时，若用点、踢、打、拿等方法对经络气血的汇合处（即穴位）给以重击，会使这个穴位受的压强增大，刺激强烈，会导致气血通路阻塞，这样人体各脏腑器官就不能维持正常的生理机能，人体将一时丧失正常的活动能力，这就是点穴或击穴的作用。

人体全身上下共有365个穴位，技击术上常取36个要害穴位。另外，我国古代的经络学说认为，人体各个穴位是按照一天的时辰进行开合变化的。人体的血液循环及内气运行，均发源于心脏，从子时起按照干支时辰周流于人体的经络。如果按其流行时辰点压某一穴位，会使气血流行阻碍，血气凝聚，产生反常的生理现象。根据经络穴位原理分析，在散打比赛中在不同的时辰攻击与其相应的穴位或人体的有害部位会有明显效果。

二、武术与养生术

养生功法是中华传统武术文化的组成部分，它是由自身的形体活动、呼吸吐纳、心理调节结合为主要运动形式的传统武术项目。

养生功法在古代主要有导引术、行气术、按摩术。

行气，又叫吐纳、胎息、练气。行气起源于何时，现在文献记载还不是太明确，但是从考古资料来看，在天津历史博物馆存有一件“行气”铭玉杖首，这是一件玉器，上面刻有四十余个字，用三字诀的形式把行气的要领跟功能作了全面的描述，这可以说是我国目前发现最早的行气养生文献。1973年考古工作者在长沙马王堆汉墓发现了一件写在缯帛上的《却谷食气篇》，它的内容要更详细，这说明汉代行气术有了进一步的发展。

与行气术有关的导引术，是以屈伸肢体为主的一种锻炼方法，当然它也配合呼吸。关于导引术最早的资料见于长沙马王堆三号汉墓，这是一幅《导引图》（图9-4），它跟前文的《却谷食气篇》同绘在一个画面上，这个画面反映了四十多个人物徒手、执器械进行各种养生锻炼的情景，方式比较多样化，可以说是我国最早的保健养生体操。汉代以后，导引养生术长盛不衰。1900年发现于敦煌藏经洞、现存于法国巴黎国家图书馆的《呼吸静功妙诀》，是当时很典型的一份行气文献。还有南宋传下来的《文八段锦》，它以八种形式反映了当时的行气、导引的功法过程，是很珍贵的资料。

图9-4《导引图》

在导引术、行气术发展的同时，以舒筋活络为主的按摩术在明清也有了进一步的发展，中医研究院藏的清人绘的《导引图》、中国医史博物馆藏的《十二度按摩图》就很典型地把整个按摩形式从12个角度作了描述。

武术养生遵循“天人相应”的原则，“天”指的是自然，“应”是指对应、适应。人生于天地之间、宇宙之中，天地自然界的运动变化与生命活动息息相关，人体对自然界会作出相应的反应。人的身体与天地万物一样也要顺应四季变化，遵循“生、长、收、藏”这一普遍规律。

养生必须形神合一。形神是中国哲学的一对范畴，指人的形体和精神；合一，指两者统一。人的生命活动可概括为两类：一是生理性活动，人体的新陈代谢，细胞繁殖；二是精神性活动，认知、情感、意志的高度统一。人的整体活动中起主导作用的是“神”。“神贵于形也”，只有在“神”的统帅下，人体的各器官、组织、脉络才能统一行动，保持一种协调的状态，从而达到平衡，否则“精神内伤，身必败亡”。另一方面，“神”的存在必须建立在形体之上，“形具而神生”，形体灭亡，“神”也就不存在了。所以，养生必须做到养神与养形兼具，不可偏颇。

中医学认为精、气、神是人体生命活动的根本。古代讲究养生的人把精、气、神称为人身的三宝。通过坚持武术习练，能实现精、气、神的相互滋生，从而可以促进人体的新陈代谢，增强肌体的活力，改善内脏器官功能。桩功、八段锦、五禽戏是从古至今流传最广的武术养生功法。据说，五禽戏是东汉著名中医“神医”华佗创编的。图9-5为太极拳开合桩功。图9-6为八段锦。

图9-5 太极拳开合桩功

第三节 武术与军事

在中国古代文化系统中，武术与军事可谓同源之水、同根之木。在历史发展进程中，二者关系紧密，尽管由于朝代变迁、历史动荡，军事和武术也会时而疏离。但古代军事对传统武术的发展产生了深远的影响。

古代的兵役制度决定了谁可以成为士兵，进而影响了武术的传播与发展。例如，封建时期的世袭兵役制度使得某些家族世代习武，这些家族逐渐发展出自己的武术传统。

雙手托天裏三焦
左右開弓如射鵰
理脾胃須單舉
勞七傷往後瞧
搖頭擺尾去心火
雙手鞠躬固腎腰
攢拳怒目增氣力
背後七顛百病消

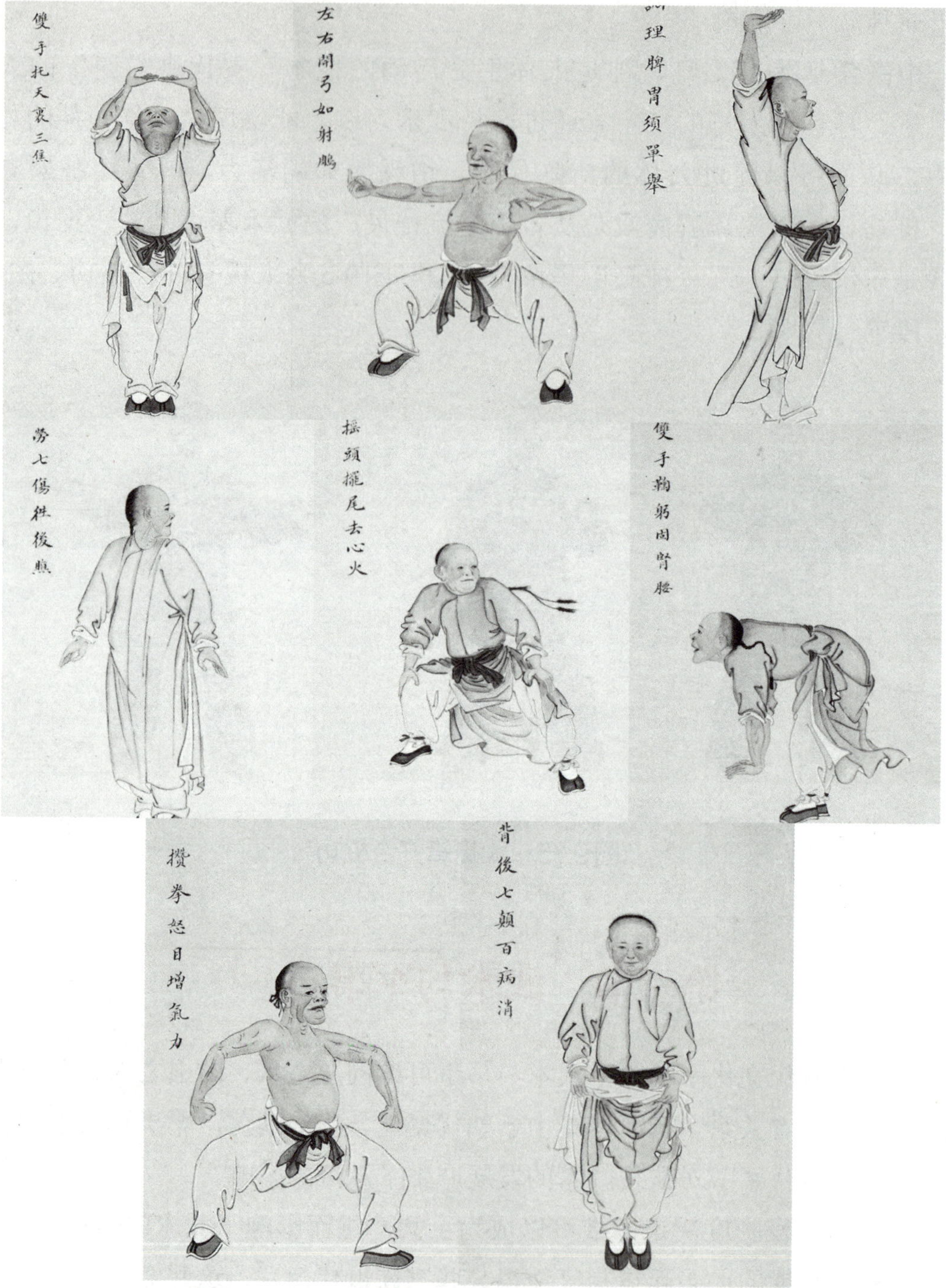

图9-6 八段锦

古代军事制度规定了士兵的训练内容。士兵必须接受严格的武术训练，包括使用各种兵器和徒手格斗的技能。这些训练内容直接促进了武术的形成和发展。

古代军事著作中包含了许多关于战术和策略的智慧，这些兵书对武术的发展起到了指导作用。武术家们常常参考兵书来提升自己的武艺。

古代军事强调武术的实用性，促进了武术实战技能的发展，强化了武术对技击本质的坚持。

古代军事需求促使军队和武术界人员不断交流，交流促进创新，推动了不同的流派和风格形成。

古代军事制度影响了武术的传承方式。例如，某些军事家族会将武术作为家传秘籍世代相传，而其他流派则通过师徒制度来保持技艺的延续。

总之，古代军事影响塑造了武术的发展轨迹。武术在满足军事需求的同时，也吸收了军事技术和文化的精华，形成了独特的武术文化。

一、武术与军事的共同特质——技击

由于武术与军事中武艺有着最本质的共同特征——攻防格斗技击，因此武术与军事在漫长的历史长河中相互融会贯通，军事促进了武术的发展与变革，武术也充实和丰富了军事技术与战术的形式与内容。

"兵"者武也，"武"者技击也，二者很早就联系在一起。远古先民以木石为武器与禽兽斗，与人斗。自从人类开始使用刀枪剑戟后，就产生并积累了使用武器的经验，这些经验不断积累升华，攻防格斗的技击之术就出现了。技击之术出现是军事的需要，也蕴含着武术的萌芽。原始社会末期，特别是进入阶级社会之后，随着战争的兴起，技击之术便逐渐转化为军事技术中最主要和最基本的内容，从而也揭开了武术与军事漫长的历史联系的序幕。

武术与军事技术的目的都是制服对手，因而采取各种手段夺取胜利，是军事技术和武术的共同性质。军事技术充实和丰富了武术的形式与内容，其表现

在如下几个方面：其一，战争方式的演变和军事技术的更新。如自殷周至春秋战国，从车战为主演变为步兵为主，这些演变直接影响着兵器的使用与改进，从而对武术的内容产生重大影响，器械武术因需而生。其二，军事训练手段的完善，直接促进了武术水平的提高。军队选拔的条件与标准对民间习武形式产生了规范化影响，民间武士的选拔入伍，使这两种体系的技术不断交流与相互促进。

随着中国古代文化逐渐进入成熟时期，武术与军事武艺的关系呈现出复杂的状态，两者既有千丝万缕的联系，又以各自鲜明的文化特色沿着自身的道路发展。首先，从功能看，军事武艺着眼于军事目的，其功能主要用于战场，因而它从训练内容、训练方法以至实践应用，都和军事目的相一致。武术尽管可运用于军事目的，但它还有体育的属性，即武术的健身性、艺术性和娱乐性。随着时代的发展，这种差异越来越显著。其次，从技术特色看，武术与军事武艺虽然都具有共通的技击性，但二者的技击性有着明显的不同。军事武艺的技击强调实战性，其动作、内容都要符合战场要求，一般来说动作比较单一，突出实用性。武术虽然也强调实用，但非战场上的阵战，而多是演练场或比武场上的实战，其技术细腻、变化多端，特别是由于武术战略、战术思想的丰富，各拳种、流派的技术更加成熟与完美。最后，军事武艺训练的目的是置对方于死地，而武术训练的目的一般只是战胜对方，而不是消灭对方；军事武艺训练立足于以阵战为主要形式的集体操练，而武术训练多注重个体对个体的练习，因而在训练的内容和动作结构上也有很大不同。

二、武术与兵法

武术与兵法早在先秦时代就有了极为密切的联系。中国古代战争频繁，因而造就了一大批著名军事家，产生了大量的军事著述。《汉书·艺文志》著录古兵书有53家，790篇。至清末，从目录学统计看，古代有关兵家著述多达1304部，现存288部。可见中国古代兵法流派众多，内容丰富。由于武术与军事在历史上的不解之缘，战争产生的兵法既指导了战争，又指导了武术。因此，兵法是武术理论中的重要内容，也是武术文化研究的重要课题。

《庄子·说剑》中，如诱敌来攻、因敌应变、后发制人等即体现了先秦兵法之道。《吴越春秋》记载越女关于剑道的动与静、攻与防、虚与实、内与外等方面的论述，也与兵法理论相通。《孙子兵法》《吴子兵法》《司马法》《孙膑兵法》《六韬》等关于战争之道、之法、之术的兵法原则，影响着武术的理论与实践，并成为武术战略、战术的基本指导思想。所谓“古来习拳知兵法，不知兵法莫练拳”的谚语，即是古代兵法对武术深刻影响的反映。

宋明是中国古代又一个兵家辈出、兵书大量问世的时代。曾公亮、丁度编写的《武经总要》、唐顺之的《武编》、俞大猷的《剑经》、戚继光的《纪效新书》和《练兵实纪》、何良臣的《阵纪》等，不仅在古代兵家历史上占有重要地位，而且其兵法理论与原则对武术训练手段的完善、技术与战术的成熟和理论体系的建立均产生重要影响并做出重大贡献。

兵法与武术这种密切的历史联系，使两者在漫长的冷兵器时代相互交融与促进，形成了一个较为完整的文化系统。战争产生了兵法，而兵法在指导军事过程中提高了军事指挥艺术；同时促进了武器的进化和更新。用于战争的兵法引申转化到武术上来，既指导了武术，又促进了武术的发展与变革；既丰富了武术技击内容，又促进新的武术器械的产生。武术与军事武艺既有联系又有区别，在各自独立发展的过程中，二者之间仍然相互影响、互相促进。

第四节　武术与文学艺术

武术与传统的文学艺术也具有密切的关系。武术所独有的外在形式美与内在精神美为文学艺术的创造提供了一个广阔的空间。同时，文学艺术也优化了武术。

文学艺术作品中塑造的武术人物形象和武技形象，通过文学的渲染和描绘，使得武术更加富有魅力和感染力。文学艺术作品中对武术精神的渲染和表达，如武侠小说中强调的侠客精神、正义和忠诚等，使得武术精神得到了深化和升华。文学艺术作品对武术套路、器械和武术技巧的详细描述和夸张，使得读者能够更加入迷地欣赏武术的精髓和神奇。

文学艺术利用自身的优势，将武术的精彩和文化的魅力传播给更广泛的人群，提升了武术在社会和民间的声誉，扩大了武术的影响力。

一、武术与文学

在最初的神话传说中，战争和打斗的故事情节占据了很大的比重。上古神话英雄中的后羿、刑天、共工及蚩尤等，都与武术有直接的关联。

春秋战国时诸侯割据，连年的战事既为武术的发展提供了条件，也为文学创作提供了素材。例如在《战国策》中所写的人物极为复杂，其中最为动人的当属侠者形象，如《战国策·魏策四》描写的“布衣之怒”的故事。这些故事内容扣人心弦，情感热血激扬，并为后世武侠文学的发展奠定了基础。例如《燕策》中描写燕太子送荆轲赴秦，易水送别一段，直接影响了后世。司马迁曾将一些段落一字不改地移入《史记》。在先秦历史散文中，除了对个人的侠义行为进行描写之外，还出现了有关大型战役的故事，如《左传》宣公十二年晋楚邲之战、成公十六年晋楚鄢陵之战等篇章，从简短的文章中即可感受到当时的战斗情境，这开辟了大兵团作战和马上武打的先河，为《三国演义》《水浒传》等作品中许多大场面的描写提供了很好的借鉴。

到了西汉，司马迁在《史记》中对游侠“救人于厄，振人不赡，仁者有乎；不既信，不倍言，义者有取焉”的认识，以史传文学形式第一次将游侠的故事写入了史册，并为之专门列传。这种以史传的文学形式对游侠的事迹进行记录和赞颂的方式，奠定了游侠题材在文学中的地位。自此之后，以武侠为主题、以扬侠颂侠作为核心思想的文学作品开始大量涌现。东汉以后，正史不再为游侠立传，但在建安时代，出现了许多以游侠为主要内容的乐府与古诗，如《白马篇》《结客少年场行》《博陵王宫侠曲》《秦女休行》等。

魏晋南北朝时期的诗人们常以古侠士为楷模，并在创作诗作的时候把自己的生活理想寄托在古侠士身上，并从古侠士的侠义事迹中汲取精神力量。如《搜神记》卷十一的《三王墓》，文中赞扬了山中行客路见不平拔刀相助、为替莫邪之子复仇甘愿自我牺牲的豪侠气概。魏晋南北朝小说中的任侠形象是我国小说中最早的任侠形象，其故事是侠义小说的雏形。虽然这类注重纪实的武侠小说都很简短，但其完整的故事结构、鲜明的人物形象等都为唐代开始的侠义小说所借鉴。

唐传奇是我国武侠小说真正的起点，它的产生标志着我国小说的发展已逐渐趋于成熟。近代文学史家习惯称唐人小说为唐传奇，如鲁迅先生用“传奇”一词对唐人小说进行概括，并于20世纪20年代编写了《唐宋传奇集》一书。唐代的侠义小说的主人公多为贴近现实的民间侠客形象。其中，影响较为深远的一篇是以描绘“风尘三侠”为题材的《虬髯客传》。

唐以后，经五代以至宋代，武侠小说在题材上并没有什么突出的发展，但随着“说话艺术”的广泛流传，出现了在文学史上有着重要意义的小说话本。这种白话形式的小说与后来的武侠小说颇具渊源。到了元代，话本小说、说唱故事的内容已十分丰富，而武侠文学则在其中占有重要地位。

至明清时期，武侠小说同传统武术一样，取得了丰硕的成果。这一时期的武侠小说多是以话本和章回体形式出现的。一般而言，文言小说对于打斗场面多点到而止，而在话本小说和章回小说之中却描写有大量精确生动的打斗场面。如在《三侠五义》《小五义》《彭公案》这类作品中，随处可见丰富多彩的打斗场面，构成了全书描写的核心；在《水浒传》等公案侠义小说中，则对暗器、迷阵等进行了详细描写。这一时期小说描写的重点不是行侠的结果，而是更注重除恶扬善的过程。侠客的存在价值和侠义小说的审美价值由此进一步得以增强。

辛亥革命后，人们从封建桎梏下解放出来，各种思想流派涌入中国，报

业、出版业得到空前繁荣，文学艺术得到大力发展，各种风格流派的文艺作品异彩纷呈。武侠小说也异军突起，武侠公案、短打评书盛极一时，当时武侠小说创作者蔚为大观，革命党人、学界名流等社会各界人士纷纷投身其中，可谓“八仙过海，各显神通”。该时期的武侠文学常常歌颂“以武术救国”的观念和思想。向恺然（平江不肖生），湖南平江人，从小文武兼修，曾两度留学日本，他的代表作是《江湖奇侠传》和《近代侠义英雄传》。《江湖奇侠传》在武侠小说史上有着重要的地位，它对后世的武侠小说创作影响很大，它也是第一部被搬上银幕的武侠作品。1928年，张石川、郑正秋拍摄了《火烧红莲寺》，上映后广受欢迎，一时有万人空巷之感。在三年时间里，《火烧红莲寺》连续拍了18集，带动了中国电影史上第一次武侠电影热。

经过20年的发展，民国时期武侠小说已蔚然成风，形成了各自的流派和风格，其代表就是“北派五大家”。“北派五大家”首推“还珠楼主”李寿民，他的旷世奇作《蜀山剑侠传》创造了一个玄想超妙、光怪陆离的剑仙世界，倪匡将《蜀山剑侠传》称为“天下第一奇书”。《蜀山剑侠传》一书从1932年一直写到1949年，写了17年还没写完。王度庐因是鸳鸯蝴蝶派起家，后来转写武侠小说，免不了在刀光剑影之中烘托出一个爱恨交织、生死两难的悲剧情境，由此开创了“悲剧侠情派”武侠小说。他的代表作“鹤-铁系列”由《鹤惊昆仑》《宝剑金钗》《剑气珠光》《卧虎藏龙》和《铁骑银瓶》五部组成，叙述了李慕白、俞秀莲、玉娇龙、罗小虎三代豪侠之间那“剪不断，理还乱”的恩怨情仇故事。2000年，电影导演李安携手周润发、杨紫琼、章子怡把《卧虎藏龙》搬上了大银幕，并荣获了第73届奥斯卡最佳外语片大奖。1932年到1949年是民国武侠小说的高峰期，在这段时间里，“武侠”纵横大江南北、黄河上下，此后戛然而止，销声匿迹了。

香港武侠小说异军突起。20世纪50年代属于梁羽生，代表作《七剑下天山》系列，至《萍踪侠影》《云海玉弓缘》达到个人创作不可逾越的高峰，后期其作品虽有变革，然而影响不是很大。20世纪50年代中后期金庸的出现，将西方文学技巧与电影手法予以捏合，让武侠小说变成畅销书，并把武侠小说上升到了文学艺术的高度。金庸曾把所创作的小说名称的首字连成一副对联：飞雪连天射白鹿，笑书神侠倚碧鸳。其小说多次被香港和内地拍成电视剧与电影。1969年的《鹿鼎记》达到其创作顶峰，然后他急流勇退。20世纪70年代初金庸封笔后，香港武侠小说出现了百家争鸣、百花齐放的局面。

在武侠小说兴盛时期，台湾至少有过300余位武侠作家赖此维生，出版了至少上万种的武侠小说。其中司马翎、卧龙生、诸葛青云并称“台湾三剑客”。真正让台湾武侠走向世界华人圈的人是古龙，一个可以与金庸、梁羽生比肩的人。古龙于20世纪60年代初期开始写武侠小说，在1965—1967年间古龙完成了他创作中期的重要作品《武林外史》《绝代双骄》等，开始走红。特别是1967年所撰的《铁血传奇》（即《楚留香传奇》），内杂武侠、文艺及现代心理分析，特别是西方推理小说的架构，读之如读东方版的福尔摩斯探案。

2000年后出现大批网络作家从事武侠小说创作。正如那句“有人的地方，就有江湖”，武侠小说从来都不乏精品，并且对于整个网络文学都有着重大的影响。

二、武术与表演

在中华传统文化的古典舞中，人们常常会发现许多与武术类似的动作，如弓箭步、大射雁、大刀花、飞脚等动作，这些动作只听名字就充满了武打的意味。中国古典舞蹈与武术同宗同源，舞蹈武用是武术，武术文用是舞蹈。舞蹈采纳了许多武术的身法，然后将肢体动作拉长放缓，变成富有美感、韵律感的观赏性表演，完全没有了武术强硬的特质，反而会以美的形式唤起人们的崇慕之心。

历史上，许多智者发现了武舞相通的特性，并将用于两军对战的武术化为观赏性的舞蹈，如商汤的《大濩》、周武王的《大武》、南北朝的《兰陵王入阵曲》等，而历史上最著名的武舞当属唐太宗时的《秦王破阵乐》。敦煌莫高窟217窟壁画《破阵乐舞势图》，描绘的是唐代宫廷武士表演秦王破阵舞的情

景。我国汉代流行的由实战剑术演化而来的具有艺术美的“剑舞”，其本身来自民间传统武术。元明清时期的古典舞蹈更是大胆地引用了扑步、飞脚、旋子、射雁等武术动作，且至今仍广泛应用于舞台表演。又如现代民间的狮子舞（图9-7），舞狮者在做跳跃、舔毛、瘙痒、打滚等动作的时候，都必须通过相互之间配合的弓步、马步、交叉步变换、手法变化，以及摸、爬、滚、打，才把狮子舞得惟妙惟肖。有一种狮子舞表演叫“采青”，有些地方会直接将这种表演作为比武的间接手段。

图9-7　狮子舞

古代的武术艺术表演发展中，元代是一个非常重要的时期，武术艺人把武戏有机地融入杂剧之中，从而使武术在舞台上得到演习、传播、传承。“唱、念、做、打”是我国传统的戏曲表演的四大要素。其中的“做”和“打”是戏曲在表演上应用传统武术招式套路的具体体现（图9-8）。

图9-8　戏曲表演

近现代的武术艺术表演活动具有更大空间，如民国时期中央国术馆1929年在杭州举办的国术游艺大会，1936年赴德国柏林进行的奥运会开幕式节目表演等。随着中华人民共和国的成立，各行各业都处于百废待兴的态势，武术艺术表演也是如此，在恢复的过程中也出现了一些重大的活动。如1953年首届全国民族形式体育表演及竞赛大会上将武术列为表演项目，1956年武术被正式定为体育表演项目。特别是在现代媒体技术高速发展的今天，舞台武术艺术表演更是如鱼得水。武术表演已经走向了集音乐、灯光、多媒体等科技于一体的崭新发展时代。

舞台武术艺术表演内容上主要有武术套路和搏斗对抗两种，其套路表演是各种表演场合中最为常见的表演形式。例如，赤手空拳拳术套路、各种拳术（长拳、南拳、太极拳、八卦掌、通臂拳、形意拳等），以及刀、枪、剑、棍、九节鞭、双节棍等器械的套路表演。这些套路之所以能成为舞台武术艺术表演的主要内容，是因为其本身所蕴藏的不同内容的美。

静态美：静态美指武术有短时相对静止的造型，协调、规范、舒展、大方。如武术中有“坐如钟、站如松、静如岳”之说。

动态美：动态美是指套路在运动过程中，肢体在空间完成动作时瞬间形态，或者构成的各种图形。武术动作从总体上看高低起伏，错落有致，有时如猛虎下山，有时如欣赏夜曲舒缓柔和，有时则如山崩海啸异常壮丽。从武术运动的形式上来看，主要是从动的角度来定义。因此，动是武术的主体，只有动才使武术有生机活力，有动态美感。

造型美：造型美是指在套路演练时突出运动员的身体线条的变化，柔和、刚劲、轻松等各种优美的造型动作使观众产生视觉美感。武术讲究手法、眼法、精神、身法、步法、气息、功夫、劲力的变化和统一，以及各种不同的身法变化和一系列的步型变换，都属于身体的动态艺术造型。武术的造型在武术运动中起举足轻重的作用，长拳生动地描绘武术“十二型”，如动如涛、静如岳、起如猿、落如鹊、站如松、立如鸡、轻如轮、折如弓、快如风、缓如鹰、快如叶、重如铁。正是由于武术运动中在一定时间和空间内不断发生千变万化的艺术造型，武术才得到了美的升华。

劲力美：劲力美是指在演练武术时对完成技术动作所需要的力量表现。武术先贤们一直崇尚“劲”之道，用大量的精力和时间练劲、悟劲。劲是通过肢体运动表现出来的一种武术技术的力，拳术家区分“劲”与“力”二字，目的是想说明通过拳术训练而形成的“劲”与先天所具有的僵滞之“力”有着天壤之别。如长拳中讲“劲力顺达”富有一种阳刚之美等。

意境美：俗话说“形美感目，意美感心”，意即意境。所谓意境美是指创造出的景象能使审美者“忘情”，从“物我两忘”到“物我忘”，从而使武术的艺术本质及价值不仅体现为技术上的熟练，而且体现为武术表演者全身心的投入，让人们在欣赏的过程中精神得到陶冶和升华。

节奏美：节奏，即一个完整技术动作完成的次序和节拍次数，它如一个人说话的语气和停顿，抑扬顿挫、一板一眼富有韵律感，时而高亢、时而激昂给人美的享受。武术表演除了充分展示拳种、器械的风格和技巧外，更重要的是表现精、气、神，与节奏的巧妙运用，有画龙点睛的作用。

目前，随着传统武术运动的发展，渗入舞蹈元素的传统武术日益受到广大健身者的喜爱。这些舞蹈化的武术套路，既具有健身价值，又具有很高的表演价值和欣赏价值。例如武术中的木兰拳就是武术与舞蹈相结合并伴有音乐进行的一种健身方法；敦煌拳则是吸取了敦煌壁画上的舞蹈形态而创编的一种健身武术运动。

思考与实践

1. 思考

（1）很多中华传统文化对武术都有影响，你觉得哪些传统文化的影响最深，哪些影响最广？

（2）儒、道、释对武术的影响有哪些不同？

2. 实践

阅读金庸系列武侠小说，写出读后感。

武侠型电玩游戏

课件：中华优秀传统文化的中外交流

第十章 中华优秀传统文化的中外交流

学习目标

知识目标

1. 了解历史上中外交流的主要通道。
2. 了解各个历史时期中外文化交流的代表性人物和事件。
3. 了解中华传统文化现代化的三个途径。

能力目标

1. 理解中外文化交流对中华传统文化的意义。
2. 理解中华优秀传统文化必须现代化的原因。

素养目标

1. 养成开阔的视野，看待事物既有历史眼光，又要有世界眼光。
2. 通过对传统文化现代化的学习，强化自己与时俱进的思维。

文化探究

中华文化的智慧：和而不同，美美与共

“和而不同”出自《论语·子路》，“君子和而不同，小人同而不和”。其含义是在多样性、差异性和矛盾性的基础上实现和谐统一。这个观念强调了人类社会的多元性和包容性。

“美美与共”来自社会学大家费孝通老先生的演讲。1990年在日本东京召开的“东亚社会研究国际研讨会”上，费先生发表了《美美与共和人类文明》演讲，他总结出了“各美其美，美人之美，美美与共，天下大同”的十六字“箴言”。“各美其美”是指各个民族都有自己的价值标准，各自有一套自己认为是美的东西。只有在民族间平等地频繁往来之后，人们才开始发现别的民族觉得美的东西自己也觉得美，这就是“美人之美”，这是高一级的境界。再升华一步就是“美美与共”，不仅能包容不同价值标准的存在，还能赞赏不同的价值标准，那么离建立共同的价值就不远了。“美美与共”是不同标准融合的结果，这就达到了我们古代人所向往的“天下大同”了。

这个理念强调了人类审美的共通性，即无论种族、国籍、宗教和信仰，人类都有着对美的共同追求和感受，而这种美的力量能够超越差异和矛盾，让人们达到心灵上的共鸣和共融。在多元文化的社会中，“和而不同”可以指导我们尊重不同文化之间的差异，避免文化冲突的产生；而“美美与共”则可以指导我们挖掘不同文化中美的共通性，促进社会和谐和民族融合。在全球化时代，“和而不同”可以指导我们在面对不同国家和种族之间的矛盾和冲突时，注重寻求和平的解决之道；而“美美与共”则可以指导我们在跨文化交流中，注重感受和欣赏美的共通性，从而促进相互理解和文化交流。

“和而不同，美美与共”融汇着中华文化的智慧，显示着中华民族的胸怀。这个理念的实践和应用对促进中外文化交流及全球化发展具有重大的意义。

第一节　古代中外文化交流的主要通道

“丝绸之路”是一条富有浪漫气息和神秘色彩的中国古代商路，它使得中外交流得以实现并持续千年。广义的丝绸之路是包括欧亚大陆甚至北非和东非在内的长途商业贸易和文化交流线路的总称，分为陆上丝绸之路和海上丝绸之路。

一、陆上丝绸之路

陆上丝绸之路是横贯亚洲、连接欧亚大陆的陆上商业贸易通道，它以西汉时期的长安（今西安）为起点，经河西走廊至敦煌，西达地中海东岸（今罗马），全长7000多千米（图10-1）。很多人认为，张骞两次出使西域，形成了这条“国道”的基本干道，打通了东西方之间最后的屏障，开辟了中外交流的新纪元。

图10-1　陆上丝绸之路

西汉时，虽然国家强盛，但仍受到北方匈奴的侵袭。为彻底摆脱匈奴的威胁，汉武帝派出聪明又勇敢的使者张骞，联合大月氏等西域各国共同抵抗匈奴。汉武帝建元二年（前139年）张骞出使西域，之后两次被匈奴扣留。当张骞最终到达西域后，却没能说服大月氏与汉朝一起抗击匈奴。这一次出使一共花了13年。元朔三年（前126年），张骞回来后为汉武帝提供了大量关于西域地理位置、人文物产等方面的军事信息。元狩四年（前119年），汉武帝再次派他出使西域，这一次张骞率领300余人的使团，带着大量礼物和汉朝特产来到西域。他出使了乌孙、大宛、康居、大月氏、大夏等西域诸国，他的副使也先后访问了安息、条支、身毒等国家。这些西域国家看到了汉朝的实力，都同意与汉朝结盟，并交换礼物，甚至纷纷派使者跟随张骞来长安，答谢汉武帝的友谊，拉开了中国与中亚、西亚国家等官方往来的序幕。

张骞两次出使西域后，连通了西域诸国与中原，开辟了一条沟通中外文化商贸的重要道路。在与各国使者相互走访的同时，中原商人接踵西行，西域的商人也纷纷东来，中外优秀的文化与优质的商品通过这条道路得以传播和交流。其中，丝绸作为中国特产成为经济文化交流的重要商品。从西汉起，中国的丝织品大量出口，从长安通过河西走廊、经新疆地区，运往西亚，再转运到欧洲，这条路渐渐成了中外闻名的“丝绸之路”。一方面，蚕丝织造技术和冶铁技术的西进，促进了人类文明的进步；另一方面，又把西域各国的奇珍异宝经“丝绸之路”输入内地，中原逐渐栽培起来自西域的核桃、葡萄、石榴、蚕豆、苜蓿等十几种植物，汉族人民奏响了胡琴等西域的乐器，人们的物质和精神生活得到了极大的丰富。印度的佛教东进，也与这条道路有着密不可分的关系。

二、海上丝绸之路

西汉的商人还经常出海贸易，开辟了中国与外国贸易和文化交往的海上交通要道。这条海上贸易通道形成于秦汉时期，发展于三国至隋朝时期，繁荣于唐宋时期，转变于明清时期，是已知的最为古老的海上航线。中国的丝织品除通过陆上通道大量输往中亚、西亚国家和非洲、欧洲国家外，也通过海上通道源源不断地销往世界各国。因此，人们在“丝绸之路”的名称上加以引申，称这条海上通道为“海上丝绸之路”（图10-2）。自8世纪末起，中国著名的瓷器

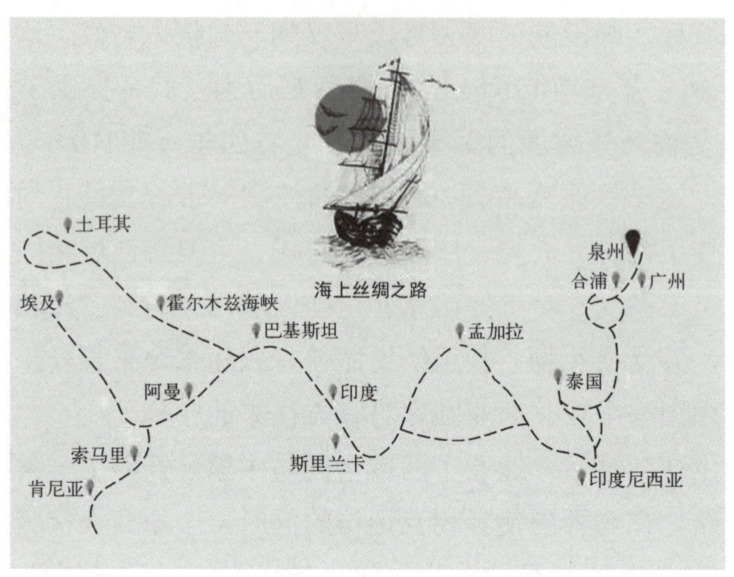

图10-2　海上丝绸之路

也主要经由这条海上交通路线销往各国且持续千年，因而也有人称这条海上交通路线为“陶瓷之路”。

古代造船业和航海技术的不断发展，使得海上丝绸之路逐渐超越陆上丝绸之路成为对外交往的主要通道，我国的航海技术和造船技术也随之突飞猛进，明代郑和下西洋就是我国先进航海术的突出表现之一。

郑和下西洋是一场规模宏大、声势浩大的海上远航活动，首次航行始于永乐三年（1405年），末次航行结束于宣德八年（1433年），历经28年，由200多艘海船、2.7万多人组成的船队在郑和的率领下共计航行7次。远航西太平洋和印度洋，拜访了30多个国家和地区，最远到达东非、红海，是15世纪上半叶世界航海文明一次高水平的展示，直接体现了明代的强盛。航路指南针系统、天文导航等多种导航技术，测深辨位等船位测定方法，以及不少郑和船队所采用的航海技术都领先于世界，明代的造船技术也堪称世界一流。

郑和的船队虽浩荡庞大，但以“祇顺天道，恪守朕言，循礼安分，勿得违越，不可欺寡，不可凌弱，庶几共享太平之福”为准则，船队以平和的姿态收获了各国物品，也换来了与各国人民的深厚友谊。郑和下西洋还给了我们一个重要的历史启示，那就是文明的建设需要海纳百川的胸怀。当前中国“一带一路”倡议就是在开放包容的文化理念下推动的，追求和平合作、互利共赢。

三、茶马古道

茶马古道，是中国西南地区和陕甘地区的国际商贸通道，以马为主要交通工具，“以茶易马”或“以马换茶”为主要内容进行贸易往来，故历史上称为“茶马互市”或“茶马贸易”。

中国茶叶最早向海外传播可追溯到南北朝时期。当时中国商人在与蒙古毗邻的边境，通过以茶易物的方式，向土耳其输出茶叶。隋唐时期，随着边贸市场的发展壮大，加之丝绸之路的开通，中国茶叶以茶马交易的方式，经回纥及西域等地向西亚、北亚和阿拉伯国家输送，中途辗转西伯利亚，最终抵达俄国及欧洲各国。

从唐代开始，历代统治者都积极控制茶马交易。在蒙古的回纥地区驱马市茶，开创了茶马交易的先河。北宋时期，茶马交易主要在陕甘地区，易马的茶叶就地取于川蜀。

茶马交易制度从隋唐始，至清代止，历经岁月沧桑近千年。在茶马市场交易的漫长岁月里，中国商人在西北、西南边陲，用自己的双脚踏出了一条崎岖绵延的茶马古道。

西南边陲的茶马交易多为民间商贸。茶马古道以川藏道、滇藏道与青藏道三条大道为主，位于中国西南部的横断山区与西藏高原之间，地跨川、滇、青、藏，延伸入不丹、尼泊尔、印度境内，直到抵达西亚、西非红海海岸。有关史籍记载，茶马古道的历史可追溯到唐代与吐蕃交往时期，茶叶也正是在这一时期由祖国内地传入吐蕃。在三条主线的沿途密布着无数大大小小的支线，将滇、藏、川“大三角”地区紧密联结在一起，形成了世界上地势最高、山路最险、距离最遥远的茶马古道。

茶马古道的艰险超乎寻常，然而沿途壮丽的自然景观却可以激发人潜在的勇气、力量和忍耐，使人的灵魂得到升华。不仅如此，藏传佛教在茶马古道上的广泛传播，还进一步促进了滇西北纳西族、白族、藏族等各兄弟民族之间的经济往来和文化交流，增进了民族间的团结和友谊。沿途上，一些虔诚的艺术家在路边的岩石和玛尼堆绘制、雕刻了大量的佛陀、菩萨、高僧、动物、海螺、日月星辰等各种形象。那些或粗糙或精美的艺术造型为古道漫长的旅途增添了一种精神上的神圣、庄严和几许神秘。

从久远的唐代开始，历经岁月沧桑一千余年，茶马古道就像一条大走廊，连接着沿途各个民族，促进了边贸地区农业、畜牧业的发展，搞活了与南亚各国的贸易。与此同时，沿途地区和国家的艺术、宗教、风俗文化也得到交融和繁荣。

第二节　古代中外文化交流的演变

一、秦汉时期中外文化交流

秦汉时期是中国封建社会的上升时期，秦汉文化借助中央集权的统一局面，对周边邻国辐射传播，产生了巨大影响；同时，域外优秀文化也融入进来，丰富了中国人民的生活内容。

秦汉时期中国与朝鲜、日本、越南、印度、安息（帕提亚帝国）、大秦（罗马帝国）都有频繁的经济文化往来。中国大规模对外派遣政治使节是从汉代开始的，这期间中外文化交流最著名的例证莫过于张骞出使西域。除张骞外，甘英和班超也为开通西北陆上丝绸之路作出了不少努力。罗马东征安息屡屡失败，促使中国和罗马帝国不得不另辟蹊径，走海上丝绸之路。陆上丝绸之路和海上丝绸之路的开辟大大促进了中外经济及文化的发展与交流。

佛教和佛教所代表的印度文化是历史上中国人第一次大规模接触的外来文化。外来佛教文化融入中国后成为中华传统文化不可分割的一部分。伴随着佛教的东来和佛经的译出，印度文化中的文学、音韵、音乐、舞蹈、杂技、绘画、雕塑，以及医学、天文学等也同时注入中国，为汉文化的发展提供了新的内容。中国的大乘佛教经陆路传到朝鲜、越南，经海路传到日本，对亚洲邻国的文化产生了重大影响。

秦汉时期，国家的统一、经济的繁荣、长期稳定的生活、贵族官吏的好尚，使乐舞艺术得到蓬勃发展。汉代乐舞经常与百戏中的其他节目掺杂或相间演出。域外乐舞杂技传入后，汉朝兼收并蓄，融合进中国乐舞杂技艺人的智慧，促进了汉代乐舞百戏体系的形成。秦汉时期，中外文化交流取得了令人瞩目的成绩，积极的心态和对外部世界的不懈探索是打开局面的前提。

二、魏晋时期中外文化交流

魏晋南北朝是中国历史上政权更迭最为频繁的时期，但中外文化交流却有较大的发展，交流的国家和地区进一步扩大。这一时期，建康（今南京）不仅有大批的罗马商人，拜占庭文化也进入中原地区。除与罗马的交流，与东南亚各国如林邑（今越南南部）、顿逊（今泰国南部）、扶南（今柬埔寨）的交往也很频繁，其中著名例证是东晋穆帝与大秦（罗马帝国）的交往，西方文化艺术开始“东渐”。

中外文化交流使得这一时期的宗教、艺术、雕塑、壁画，以及为佛教服务的乐舞艺术、文学艺术等大放异彩。魏晋南北朝时期，佛教与以儒道为代表的中国本土文化产生了碰撞与交流，最终融入中华文化。此后，中国的建筑、艺术及生活方式均受佛教的影响。

三、隋唐时期中外文化交流

隋唐时期的中国是一个先进的文明国家，中国的经济和文化处于世界领先地位。此时在中外文化交流中，中国也处于优势地位，在国际舞台上拥有相当分量的话语权。作为“文化熔炉”的中国文化发展成了世界性文化，深为当时世界各国人民所向往。世界各国人民把域外文化带入中国，又把中国文化传播

四方，促进了中外文化大交流，推动着世界文明的演进。

唐代中外交通有了进一步的发展，形成了通往国外各地的海陆交通网：陆路从长安出发，向东可以到达朝鲜、日本，向西经“丝绸之路”可以通往今天的阿富汗、印度，以及大食（阿拉伯帝国）、东罗马帝国及非洲的许多国家；海路从登州、扬州或广州出发，可以到达今天的韩国、日本，以及东南亚国家、波斯湾地区。唐代政府执行较为开放的对外政策，兼收并蓄、善交友邦，鼓励外国人到中国经商、居住、做官等。这些都为该时期的中外文化交流及繁荣提供了便利和条件。

隋唐时期，境内不时出现来自不同国家、操着不同语言、身着不同服饰的外国人。这些外国人中，有为外交斡旋的使节，有为贸易奔忙的商贾，更有向往唐文化的外国留学生和学问僧。海上丝绸之路与陆上丝绸之路在农产品、农业技术、工业品、工业技术等物质文化层面的引入和输出频繁，在宗教思想、乐舞艺术、天文历算等精神文化层面的交流也非常丰富。

以佛教为纽带是隋唐时期文化交流的一个显著特色，如鉴真东渡与玄奘西游。特别值得一提的是高僧玄奘，他为求得对佛学的真解，赴印度各地，与众多学者论辩切磋，历经17年方回长安，后译经、论75部。他还撰《大唐西域记》一书，把印度佛教、历史、地理、风俗人情等介绍到中国。

随着印度佛教的传入，唐代采撷印度文化的精华。在物质文化方面，贞观年间，印度熬糖法传入中国。在文学方面，由于佛教经典的译述，产生了与佛经有密切联系的变文，并且唐代传奇小说的不少情节都来源于印度的佛教故事。在艺术方面，中国敦煌石窟、麦积山石窟、云冈石窟和龙门石窟是世界闻名的石窟艺术宝库，这里的雕刻、壁画和塑像都直接受到了印度艺术的影响；唐代名曲《霓裳羽衣曲》是唐代汉乐与胡乐融合发展的最高成就。在医学方面，大唐境内有印度医生行医，当时印度的外科手术、整骨术、眼科及解剖学对中国医学影响很大，唐代名医孙思邈在其著述中曾引用印度按摩法。在天文历法方面，印度的《九执历》被译成汉文，成为《大衍历》的一个组成部分。

四、宋元时期中外文化交流

尽管五代宋元时期战乱频仍，但中外文化的交流未曾间断，较之唐代又向前发展了一大步。海运的发展为宋代开辟了中外文化交流的广阔通道。宋代经济重心南移，丝绸之路由陆路移至水路，沿海地区出现了多个港口城市，海上贸易发达。瓷器超越丝绸制品在出口商品中占有突出的地位，其他日常生活、生产用品的出口也增加了。

元代交流的范围比宋代更广，海路通日本、朝鲜、东南亚、印度、波斯湾以至非洲各地。这一时期，大量波斯、阿拉伯文化传入中国，如阿拉伯的天文历法、医药、数学、建筑都很受重视。元代设立专门的天文、医药机构，让阿拉伯人来参与管理，各地的清真寺都体现出一种阿拉伯式的建筑风格。

五、明清时期中外文化交流

明代郑和下西洋扩大了我国同亚非许多国家的往来，促进了中国与亚非的物质文化、制度文化和精神文化的交流，推动了华侨移民与商业、宗教的发展。

明万历时，西方天主教的传教士随西方商船来到中国，他们以学术作为传教的先导，带来了许多迥异于中华传统文化与知识体系的西方学术成果。在天文学方面，利玛窦的《乾坤体义》、汤若望的《历法西传》、南怀仁的《坤舆图说》等，介绍了亚里士多德、第谷、哥白尼和伽利略等人的学说。利玛窦、汤若望等人协助徐光启等修改历法，完成《崇祯历书》，至今沿用的阴历就是根据这个历法。在地理学方面，利玛窦绘制了《坤舆万国全图》，引进明确的地图概念，并以经纬度划分球面，有助于中国人形成较为开阔的世界观念。在数学方面，利玛窦与徐光启合作翻译了古希腊数学家欧几里得的著作《几何原本》（前6卷），还与李之藻一起翻译了《同文算指》，传入了整数与分数的四则运算。

16世纪开始，西方殖民者相继来到东方，西方资本主义列强的侵略使中国一步步地陷入了半殖民地半封建社会的深渊中。

步入近代，林则徐是中国“开眼看世界第一人”，他主持编译了《四洲志》，向中国人系统地介绍世界地理，打开了中国人的眼界。

第三节　中华优秀传统文化在世界的传播

丰富而厚重的中华优秀传统文化在中外交流的历史进程中散发出其独有的魅力，深刻影响着周边国家和地区，形成了世界公认的以中国文化为核心的东亚文化圈。而且，中国文化也以其强大的辐射力影响着世界文明的进程，对人类文明的发展作出了重要的贡献。

一、中国文化在亚洲的传播

1. 中国文化在东亚的传播

中国文化与域外文化的交流中，历史最久的是朝鲜。远自商周时代，中国与朝鲜便开始了密切的交往，箕子建立“箕子朝鲜”，中国文化开始传播于朝鲜半岛。战国时，汉字、儒学输入朝鲜。汉代以后，朝鲜半岛分裂出高句丽、百济和新罗三个国家，从不同渠道竞相吸收中国文化。

中国文化对朝鲜的影响主要体现在四个方面：一是采用汉姓；二是长期借用汉字并学习汉字书法，新罗文字“吏读”就是新罗学者利用汉字进行的创新；三是仿效中国的教育，7世纪便在庆州设立国学，讲授《左传》《礼记》《孝经》等中国儒家经典；四是崇尚道教，唐初，高祖曾遣使并携道士和天尊像同行前往传播道教。在韩国，中国文化中儒家思想和明清以后的实学思想影响最大，韩国相当完整地保留了中国文化中的礼教内容。

中国与日本是一衣带水的邻邦，中日文化交流源远流长。例如徐福东渡日本的传说，公元前三世纪秦始皇派徐福东渡日本，带去的中国移民促进了古代日本文化飞跃发展。日本出土的汉代铜镜等物品，表明中日文化交流在秦汉之时也在进行。隋唐之后，日本直接派遣使节、留学生来中国主动学习中国文化。政治方面，日本派遣来的留学生回国后，认真研究带回的唐代典章制度，考察唐代的律令制度，在日本“大化改新”中改革官制，模仿均田制等隋唐制度。佛教方面，唐代鉴真和尚东渡（图10-3），将兼容儒家忠孝思想的佛教文化及雕塑、文学等传到日本。语言文字方面，在汉字的基础上日本形成了自己的文字。文学艺术方面，唐代诗人的文集相继传入日本，白居易和他的作品就很受日本人的喜爱。日本人喜爱唐代的绘画，经常仿效摹绘。宋元时期的山水画也影响了日本“云谷画派”和“狩野画派”的形成。科学技术方面，中国先进的生产技术、天文历法、建筑、印刷术等相继传入日本，日本人结合中国著名的医学著作与自身医疗实践经验，创建了“汉方医学”等。特别是三国时期中国的剑术和角抵传入日本，促成了日本的刀术和相扑的形成，而且相扑之名，也是由中国传去的。

图10-3　唐代鉴真和尚东渡

2. 中国文化在东南亚的传播

越南出土的秦汉风格的青铜器物表明，中国文化在越南文化中烙下了深深的印记。汉武帝之后，中国文化更加广泛而深入地传入越南，出行仪式、婚娶礼法几乎全是中原模式。越南曾长期使用汉字，中国著名古典小说在越南民间家喻户晓。中国的传统医术为越南人民的健康提供有力保障，越南人民对中国

古代的医药学家如扁鹊、孙思邈等十分敬重。

中国文化在柬埔寨、泰国、缅甸、印度的传播也有迹可循。元代初期，游历家周达观曾在《真腊风土记》中具体写到了中国侨民对柬埔寨开发建设的贡献，记载了将瓷器、丝绸、生活用具甚至荔枝带到柬埔寨的过程。泰国王宫的建筑样式、建筑材料和瓷器楹联装饰等都来自中国。缅甸人民感恩于中国在诸葛亮南征时传入本国先进的农业技术，为诸葛亮建诸葛祠和武侯庙。音乐《秦王破阵乐》及梵文版的《道德经》都流传于天竺（今印度）深受大家喜爱。

3. 中国文化在中亚和西亚的传播

汉代开辟两条丝绸之路途经中亚和西亚，使中国文化源源不断地输入中亚、西亚。中国的丝织品被当时的中亚各国视为珍品，中国的四大发明、冶铁技术、铁器、井渠法、医学著作等也沿丝绸之路传往中亚、西亚各地，中国画的题材也成为西亚画家常用的题材。

二、中国文化在非洲的传播

虽然中国和非洲远隔千山万水，但双方的文化交流史却源远流长。西汉张骞出使西域后，中国的丝织品、生丝原材料及提花机通过丝绸之路逐步输往埃及。在中国原料、技术的推动下，非洲丝织业取得飞速进步，亚历山大里亚城成为当时非洲丝织业的中心，就连埃及女王都钟爱穿着中国丝袍。古埃及图画中九柱神之一的“舒”就对应了中国神话人物燧人氏（图10-4）。

唐宋时期，北非和东非的许多地方都挖掘出了唐宋的瓷器和钱币，如埃及的福斯塔特遗址曾发掘出数以万计的唐、宋瓷片，在桑给巴尔等地区发现了大量宋代的钱币。此时，中国先进的科学技术如造纸术、印刷术也随着阿拉伯帝国掠走的中国匠人传入非洲。

元代形成的中国大一统局面，使中国和非洲的文化交流更加密切。明代，郑和七次率大型船队下西洋，到达东非海岸，把中国文化直接传播到非洲的土

图10-4　古埃及九柱神

彩图：古埃及九柱神

地上。中国的纸币、火药传入非洲，中国的瓷质餐具备受非洲人民喜爱，瓷器还被作为房屋和坟墓的装饰品。由于西方殖民主义者的入侵，明代以后，中非文化交流基本中断。

三、中国文化在欧洲的传播

中国与欧洲很早就有接触，然而双方的频繁交往是在元代以后。元代是一个疆域空前广大的帝国，在广袤的连为一体的欧亚大陆上，中国与欧洲的文化交流频繁便利。亚欧大陆的沟通，为旅行家的远游提供了可能。在众多来华的冒险者和旅行家当中，意大利人马可·波罗是大家最熟悉的一个。他用生动传奇的语言，在《马可·波罗游记》中向西方讲述了中国的美丽、富饶，引起了更多的欧洲人对中国古老文明的无限向往，其中中国的陶瓷、文学作品、古代哲学和中式艺术风格的影响尤为广泛。

1. 精美的陶瓷

中国的瓷器精美高雅，在世界上拥有极高声誉，西方人甚至直接用“china”（瓷器）来称呼中国。由于马可·波罗的介绍，中国瓷器成为欧洲风靡一时的商品，欧洲的制瓷技术也在流行风潮中不断精进。美国学者德克·卜

德在《中国物品西传考》中高度认可了中国的陶瓷工艺，他说："虽然从此以后在欧洲和其他地方生产了大量的瓷器，但是，在瓷器之乡以外的地方，还从来没有过什么工艺品可以跟中国陶瓷工最出色的制品相媲美。"

2. 多样的文学作品

在中国文化走向世界的过程中，独具东方魅力的中国文学对欧洲文学界也产生了一定的影响。以德国大诗人歌德为例，他在求学时代就十分偏爱中国哲学和文学，还研读过儒家经典"四书"，后来他阅读了大量中国的文学作品，曾试图把中国元代杂剧《赵氏孤儿》改编成德国式悲剧。他曾经在谈到中国文学时说："当中国人已拥有小说的时候，我们的祖先还正在树林里生活呢！"像歌德这样从中国文化中汲取营养的外国作家不在少数，大家熟悉的法国作家雨果也在读了四大名著后对中国古代文化产生了浓厚的兴趣。

3. 智慧的哲学伦理

17～18世纪，欧洲思想文化界将传教士带回的中国哲学加以吸收利用。中国孔子和儒家思想受到当时不少重要思想家的崇拜，莱布尼茨、伏尔泰、歌德、卢梭、孟德斯鸠、狄德罗等，都将儒家思想作为他们"自由、平等、博爱"等民主思想的一个重要根据和来源。

德国古典哲学的先驱莱布尼茨对中国文化表现出了极大的热情，他说："我们从前谁也不信世界上还有比我们的伦理更美满，立身处世之道更进步的民族存在，现在从东方的中国，给我们以一大觉醒！"康德的道德哲学吸收了中国儒家道德的理论，费尔巴哈"爱"的宗教以人本主义为依托。德国的哲学领域总能找到中国文化的痕迹。

法国启蒙运动的核心人物伏尔泰选择从中国古代文明中汲取精神力量。伏尔泰对孔子推崇备至，他认为孔子"重人道、轻天道"的思想和以"仁"为本的哲学理念，充满着人道主义精神。他所提倡的人的权利与尊严，与孔子"爱人"学说完全吻合。

法国著名经济学家、重农学派的创始人魁奈，一生热爱中国文化，对儒家思想颇为推崇，被称为“欧洲的孔子”。他将中国社会的自然秩序、开明的君主政治、儒家的道德理想作为欧洲社会的理想目标，并在《中国专制制度》中宣称：“中国的学说值得所有国家采用为楷模。”

欧洲思想家所认识的中国文化、中国哲学思想，是经过他们自己的理解和吸收生发出来的，带有明显的理想化色彩。不可否认，在18世纪的欧洲启蒙运动思想体系的完善中，中国哲学确实起到了不可忽视的促进作用。

4. 优雅的艺术风格

中国器物优雅的艺术风格曾使一些西方哲人和艺术家为之倾倒。17～18世纪欧洲洛可可艺术风格风靡，它以生动、优美、轻俏、自然为特色，其核心就是崇尚包括丝绸、瓷器、漆器、园艺、建筑在内的中式艺术情调。法国凡尔赛宫中陈设着整套中国漆制家具，英国上层妇女以绘漆为时尚；中国风格的壁纸成为欧洲豪华家庭必备装饰品；欧洲画家在画作中融入山水画背景的中国风韵；欧洲园林艺术以中国园林的布局为“一切园林艺术的典范”，想要营造像中国园林一样立体风景画般优美、高雅的布局。图10-5为比利时的中国园。法国作家巴尔扎克认为：“中国艺术有一种无边无涯的富饶性。”中国文化对当时欧洲人的艺术水平和生活情调产生了重大影响。

图10-5　比利时的中国园

彩图：比利时的中国园

四、中华优秀传统文化走向文化现代化

传统文化和文化现代化之间并不存在不可逾越的鸿沟。一个民族保存还是抛弃自己的历史和传统文化，是它将要强盛还是衰落的标志。

党的二十大报告指出：“只有把马克思主义基本原理同中国具体实际相结合、同中华优秀传统文化相结合，坚持运用辩证唯物主义和历史唯物主义，才能正确回答时代和实践提出的重大问题，才能始终保持马克思主义的蓬勃生机和旺盛活力。”从夏商周的礼乐文化，到汉唐的舞蹈音乐；从《诗经》《楚辞》到汉赋、唐诗、宋词，再到元曲、明清小说；从书法篆、隶、楷、行、草的历史演变，到绘画工笔写实、墨戏写意的传承与变革。历朝历代的文学艺术，也无不是在创新中传承、传承中发展，持续装点着华夏文明的艺术殿堂。

迄至近现代，在传统文化的现代转型中，这种连续性也从未中断，是在变革与创新中，既保持文化与审美的民族特性，又发展出适应现代社会需要的现代文化，逐步形成了充满生机活力的现代化的文化形态。面对新时代新的文化使命，我们要深入探究传统文化精髓与发展规律，加强对优秀文化基因的传承与发展，使中华文明之脉生生不息。

五、传统武术的国际传播

传统武术的国际传播，应该从秦汉时就有了。古代武术如何传播到海外的，由于缺乏文献记载，我们依据现有史料合理推测，古代武术的传播可能通过两种方式：一是伴随代战争、贸易和文化交流而进行的无意识的传播。二是通过中国武术家、僧侣、商人和使节等有意识地传播到周边国家和地区。例如，唐代高僧鉴真东渡日本，不仅传播了佛教文化，同时也将中国武术带到日本。明清时期，随着海上丝绸之路的发展和华侨的海外迁徙，中国武术也逐渐传播到世界各地，尤其是东南亚、北美和欧洲等地。但整体来看，由于古代地理环境的封闭和传统武术的民间地位等原因，古代传统武术的国际传播交流并不十分频繁。

自20世纪中后期以来，中国武术的国际传播进入了全新的阶段。1990年，第11届亚运会武术成为亚运会比赛项目。随着中国经济的快速发展和文化自信的增强，中国武术的海外传播渠道和形式也更加多样化，如大量的武术比赛和武术节交流活动，孔子学院的推广、武术电影的传播、武侠小说的流传、武术移民办学和武术旅游的兴起等。

中国武术的国际传播，经历了从无意识传播到有意识传播，从被动融入到主动推广，从个人行为到国家统筹的转变。现今全球学中国武术的人数上亿。在欧洲，学习中国功夫的学员人数接近100万。

古代武术的国际传播也有特例，譬如传统武术对日本的影响和交流就十分深远。

少林寺与日本的关系，始于元朝。1327年，日本僧人邵元（1295～1364年）来华。邵元，曾任日本山阴道但州正法禅寺住持。邵元先到福州，后到天台山、天目山、五台山等处，遍访名僧，元天历二年（1329年）到嵩山少林寺。邵元佛学造诣甚深，亦精通汉学，在少林寺先任书记，后任首座。相传邵元曾从少林寺住持息庵（1284～1340年）研习少林武功。邵元在中国生活了二十年，于至正七年（1347年）东归日本，声誉大振，先后在京都大圣寺、等持寺、东福寺、法云守等处传法讲经，并传习少林武术。于贞治三年（即元至正二十四年，1364年）圆寂。

三百年后，明代中国人陈元赟东渡日本传武。陈元赟（yún）（1587～1671年），浙江杭州人，祖籍河南洛阳。而科场失意，功名之心渐淡。明万历四十二年（1614年），陈元赟北上洛阳，探访祖籍。不久，入嵩山少林寺，研修少林功法。陈元赟幼年习武，武功颇有根底，此时得少林寺僧人指点，得以领悟少林武功精髓，精通少林五拳及一百七十三手。一年多后，陈元赟离开少林寺，返回杭州，每日练拳不辍。

万历四十七年（1619年），陈元赟搭乘商船抵达日本长崎，突患痢疾，无法返回祖国，不得不留日养病，以传授书法自给。天启元年（1621年），陈元赟协助明朝钦差单凤翔，与日本江户幕府谈判约束倭寇事。谈判无果而

终，单凤翔一行回国，而陈元赟留在京都。与日本文人名士诗酒唱和，声誉日隆。

崇祯十七年（1644年），清军攻入北京，明朝灭亡。消息传到日本后，陈元赟悲愤异常，遂寓居江户（今东京）的国昌寺，以少林拳技教授寺僧。当时，武士福野、三浦、矶贝正居寺中，于是也拜陈元赟为师，学习少林拳技。因福野、三浦、矶贝三人本系武士，武功已有根基，又谦逊好学，陈元赟就另向三人传授捕捉、擒拿、点穴诸法，三人俱得真传。其后，三人又对所学少林拳技予以改进，使其与刚萌芽的日本柔术相结合，形成柔术新派，各立门户，收徒传艺。凡日本柔术，皆福野、三浦、矶贝三人所传，国昌寺也成为日本柔术的中心。

今日本柔术中常见的手搏、足击、飞袭、逮捕、当身诸技，均源于陈元赟所传之少林拳技。其中，逮捕之技源于明朝衙门捕快的捕人术，当身之技源于少林武功的点穴术。日本柔术各派（如敛心派、起倒派、扬心派等）所传招式、秘籍，其图解中人物的发式、装束均为中国式样，其时间均在陈元赟入日之后。日本东京都尚存《起倒流拳法碑》残碑一块，碑文称："拳法之有传也，由明人陈元赟而始。"

此外，日本的合气道、空手道也与中国的少林武术有渊源关系。合气道原名"合气武道"，是日本古代柔术的一个流派，其源头也是陈元赟所传之少林拳术，后经日本武士不断加工整理，并加进了日本的一些武技，遂成为合气武道。20世纪40年代末，改称"合气道"。

至20世纪初叶，中日两国武技交流似更见频繁。然而，随着中国国力的急遽衰落，日本武士已经不再以弟子身份虚心求教，而是以挑战者的姿态，颇为骄横地踏上了中国的土地。

在这一时期，也还有日本人来中国虚心学艺，宗道臣（1911～1980年）就是其中一位。20世纪30年代初，宗道臣来到中国东北，拜少林义和门拳师文太宗为师，习练少林拳法。1936年，他又慕名来到嵩山少林寺拜师学艺。1946年，宗道臣返回日本。次年，他在日本香川县多度津创办"日本少林寺拳法联盟”，大力推广少林拳法。该组织发展迅速，其支部和道院分布日本各地，成为日本最大的少林拳法组织。

空手道起源于中国的唐朝武术。事实上，空手道的发源地并非日本本岛，而是冲绳。冲绳旧名叫琉球，在1879年之前琉球是一个独立的国家，并且是中国的附属国。琉球跟中国联系很多，各种贸易文化交流也很多。就这样，中国唐朝时候的一种传统武术便传入了琉球。由于“武术”在琉球被称为“手”，所以琉球人将唐朝的这种武术称为“唐手”。

琉球人似乎对武术情有独钟，唐手传入琉球后，很多琉球王国的士族都学习唐手。但真正将唐手“为我所用”的人是琉球人佐久川宽贺，他在传统唐手的基础上自创了一种琉球版唐手，于是后来他被誉为唐手佐久川，也被认为是现代空手道的发明者。

但是在日本推广唐手的过程中，唐手中的“唐”是指中国，在日本推广这门武术显然是不利的，于是将唐手改名为空手道，“空”有赤手空拳的意思，还因为“唐”的日语发音和“空”的日语发音是差不多的。自此，这门武术便以空手道之名普及全日本。

思考与实践

1. 思考

（1）国家间的交流和封闭是一个复杂的过程，你如何看待？

（2）中国古代文化交流对当代有着哪些深远的影响？

2. 实践

中外文化交流中许多域外的物品、物种进入中国寻常百姓家，请你考证一下，举出五个例子。

参考文献

[1] 张岱年，方克立. 中国文化概论 [M]. 北京：北京师范大学出版社，2004.

[2] 张岂之. 中国传统文化 [M]. 北京：高等教育出版社，2010.

[3] 程裕祯. 中国文化要略 [M]. 北京：外语教学与研究出版社，2011.

[4] 李光，肖珑，吴向东. 中华优秀传统文化 [M]. 北京：北京理工大学出版社，2020.

[5] 辜堪生. 中国传统文化概论 [M]. 成都：西南财经大学出版社，2009.

[6] 李泽厚. 美的历程 [M]. 天津：天津社会科学院出版社，2001.

[7] 郭齐勇. 传统道德与当代人生 [M]. 武汉：武汉大学出版社，1998.

[8] 袁珂. 中国古代神话 [M]. 北京：华夏出版社，2013.

[9] 叶朗，朱良志. 中国文化读本 [M]. 北京：外语教学与研究出版社，2016.

[10] 王振复. 中国建筑的文化历程 [M]. 上海：上海人民出版社，2000.

[11] 潘谷西. 中国建筑史 [M]. 北京：中国建筑工业出版社，2004.

[12] 罗来恒. 从中国传统文化观看中国园林 [J]. 门窗，2013(3): 353.

[13] 萧默. 中国建筑艺术史 [M]. 北京：文物出版社，1999.

[14] 张培瑜. 中国古代历法 [M]. 北京：中国科学技术出版社，2013.

[15] 张庶平. 天文历法探秘 [M]. 北京：知识产权出版社，2020.

[16] 张建. 中国传统文化 [M]. 北京：高等教育出版社，2007.

[17] 朱忠敏. 浅析宗法制度对中国传统文化的影响 [J]. 重庆科技学院学报（社会科学版），2010(22):138-139.

[18] 陈森. 论宗法制度的演变及其影响 [J]. 宁夏大学学报（社会科学版），1989(1):53-58.

[19] 彭林. 中国古代礼仪文明[M]. 北京：中华书局，2004.

[20] 顾希佳. 礼仪与文化[M]. 北京：人民出版社，2001.

[21] 左岸. 传统节日天下庆[M]. 郑州：河南人民出版社，2005.

[22] 余世存. 节日之书：余世存说中国传统节日[M]. 北京：北京时代华文书局出版社，2019.

[23] 杨景震. 中国传统节日风俗的形成及其特征[J]. 中华文化论坛，1998(3):5.

[24] 王文章，李容启. 中国传统节日的文化内涵[J]. 艺术百家，2012，28(3):5-10.

[25] 彭云枫. 礼仪之邦话文明[M]. 郑州：河南人民出版社，2005.

[26] 石兵. 民族节日俱欢颜[M]. 郑州：河南人民出版社，2005.

[27] 王介南. 中外文化交流史[M]. 太原：山西人民出版社，2011.

[28] 王小甫，范恩实，宁永娟. 古代中外文化交流史[M]. 北京：高等教育出版社，2006.

[29] 费孝通. 中华民族多元一体格局[M]. 北京：中央民族学院出版社，1989.

[30] 张岱年. 中国文史百科[M]. 杭州：浙江人民出版社，1998.

[31] 叶茜. 中华民族的文化与性格[M]. 北京：民族出版社，2006.

[32] 邱丕相，蔡仲林. 中国武术导论[M]. 北京：高等教育出版社，2010.

[33] 旷文南. 中国武术文化概论[M]. 成都：四川教育出版社，1990.

[34] 方国清. 中国文化与武化论弈 [J]. 体育学刊，2007(1): 76-78.

[35] 陆草. 中国武术[M]. 广州：广东旅游出版社，1996.

[36] 邱丕相，王岗. 走进主流社会的中国太极拳文化 [J]. 北京体育大学学报，

2006(12):1603-1605.

[37] 全国体育院校教材委员会. 武术理论基础[M]. 北京：人民体育出版社，1997.

[38] 周伟良. 析中华武术中的传统武德 [J]. 上海体育学院学报，1988(3): 12-17.

[39] 钟明善，朱正威. 中国传统文化精义[M]. 西安: 西安交通大学出版社，2001.

[40] 王岗. 从“武技”到“中国武术”[J]. 搏击（武术科学），2006(8):1.

[41] 张国臣. 中国少林文化学[M]. 郑州:河南人民出版社，1999.

[42] 国家体委武术研究院. 中国武术史[M]. 北京：人民体育出版社，1997.

[43] 松田隆智. 中国武术史略[M]. 成都：四川科学技术出版社，1984.

[44] 邱丕相. 中国武术史[M]. 北京：高等教育出版社，2008.

[45] 周伟良. 中国武术史[M]. 北京：高等教育出版社，2003.

[46] 蔡仲林，周之华. 武术[M]. 3版. 北京：高等教育出版社，2005.

[47]《中国武术百科全书》编撰委员会. 中国武术百科全书[M]. 北京：中国大百科全书出版社，1998.

[48] 刘海钦，刘少鹏，李光. 中华武术素养读本[M]. 北京：科学出版社，2011.

[49] 刘海钦. 武术心理与武术科学训练[M]. 北京：科学出版社，2013.